CÓDIGO DE COMPLIANCE FEMININO

CÓDIGO DE COMPLIANCE FEMININO

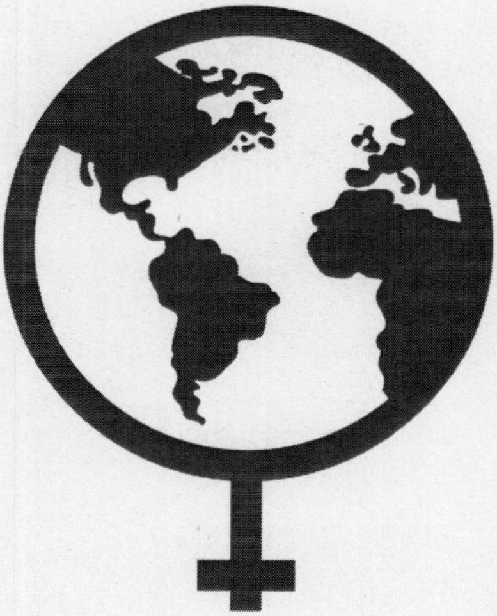

MERCADO DE TRABALHO

GABRIELA MANSSUR

Lugar de mulher é onde ela quiser!

DISRUP
TALKS

© DISRUPTalks, 2022 – Todos os direitos reservados.
© Gabriela Manssur

Editora Executiva: **Caroline Dias de Freitas**
Coordenadoras: **Clicie Gomes Carvalho - Advogada e Luciana Terra Villar - Advogada**
Apoio: **Instituto Justiça de Saia e Projeto Justiceiras**
Colaboradoras: **Adriane Domingues Costa - Assessora de pesquisa ENAMAT - Escola Nacional de Formação e Aperfeiçoamento de Magistrados do Trabalho; Dra Sueli Amoedo - Advogada; Tamires Arruda Fakih - Gestora de Políticas Públicas e Doutoranda em Mudança Social e Participação Política (USP); Isabela Maria Alves Maciel - Estudante de Direito e Gestão Justiceiras; Izabela Sammarco - Advogada; Bia Ribeiro - Estudante de Direito, Voluntária Justiceiras**
Capa: **César Oliveira**
Revisão: **Camila Del Manto**
Diagramação e Projeto gráfico: **Estúdio Caverna**
Impressão: **Digitop**

1ª Edição – Julho/2022
DADOS INTERNACIONAIS DE CATALOGAÇÃO NA PUBLICAÇÃO (CIP)
CÂMARA BRASILEIRA DO LIVRO, SP, BRASIL

Manssur, Gabriela.
A249c   Código de Compliance feminino: Mercado de trabalho /Gabriela Manssur.
São Paulo: DisrupTalks. 2022.
        128p.; 30 cm
        ISBN: 978-65-5619-101-0

1. Compliance feminino. 2. Direito das mulheres. 3. Mercado de trabalho feminino. 4. Direitos humanos I. DisrupTalks. II.Manssur, Gabriela.

CDU: 342.7

Ficha Catalográfica elaborada pela Bibliotecária Kelly dos Santos - CRB-8/9108

Editora Reflexão
Rua Almirante Brasil, 685 - Cj. 102 – Mooca – 03162-010 – São Paulo, SP
Fone: (11) 9.7651-4243
www.editorareflexao.com.br
atendimento@editorareflexao.com.br

Todos os direitos reservados. Nenhuma parte desta obra pode ser reproduzida ou transmitida por quaisquer meios (eletrônico ou mecânico, incluindo fotocópia e gravação) ou arquivada em qualquer sistema ou banco de dados sem permissão escrita da Editora Reflexão.

Sumário

Apresentação 15
Prefácio 17
Introdução 21
Fluxograma Código de Compliance Feminino 24
1. Violência Contra a Mulher 26
1.1 Evidência do Problema 27
2. Assédio Moral no Trabalho 31
2.1 O Que é Assédio Moral no Trabalho? 31
2.2 Quais São os Tipos de Assédio Moral? 32
2.3 Evidência do Problema 33
2.4 Condutas Que Podem Definir o Assédio Moral 34
2.5 Quais São as Causas do Assédio Moral? 36
2.6 De Olho na Lei 37
2.7 Nem Tudo é Assédio Moral 38
3. Assédio Sexual no Trabalho 39
3.1 O Que é Assédio Sexual no Trabalho? 39
3.2 Quais São os Tipos de Assédio Sexual? 40
  a) Importunação Sexual 40
  b) Estupro de Vulnerável 40
  c) Evidência do Problema 41

3.3 Como Identificar? 41

a) Pressupostos Necessários para a Configuração do Assédio Sexual 41

b) Assédio Sexual Pode Ocorrer de 2 (duas) Formas 42

c) Exemplos de Condutas Típicas que Podem Caracterizar o Assédio Sexual 42

d) Qual a Diferença de Assédio Sexual e Paquera 44

3.4 De Olho na Lei 46

3.5 Quais São as Causas do Assédio Sexual? 47

4. Quais os Impactos e Consequências do Assédio Moral e do Assédio Sexual para as Vítimas? 48

4.1 Quais as Consequências Negativas Para as Empresas? 49

4.2 Consequências Para o Estado e a Sociedade. 50

a) Assédio Virtual ou *Cyberbullying* no Trabalho 52

b) Pornografia de Vingança ou *Revenge Porn* 53

4.3 De Olho na Lei 53

5. Denunciar é Preciso 53

a) O Que a Vítima Pode Fazer em Caso de Assédio Moral ou Assédio Sexual? 53

b) Denunciar é Necessário 54

1) Por Que Devemos Denunciar? 54

2) Onde Podemos Denunciar? 55

3) O Que as Pessoas que Sabem ou Ouviram Dizer Sobre os Fatos Podem Fazer? 56

6. Por Que as Vítimas Não Denunciam ou Demoram Para Fazer a Denúncia? 56

7. O Que as Organizações Podem Fazer Para Prevenir e Combater o Assédio Moral e o Assédio Sexual nas Empresas?............57

8 Violência Doméstica..58

8.1 O Que É Violência Doméstica?...58

8.2 Você Sabia?...60

a) Aplicação da Lei Maria da Penha no Ambiente de Trabalho .. 60

9. Quais as Principais Conquistas Para os Direitos das Mulheres Com o Advento da Lei Maria da Penha?............................60

9.1 Evidência do Problema..61

10. A Violência Doméstica, o Mercado de Trabalho e as Empresas 63

11. Compliance Feminino...65

Ações Estratégicas de Compliance Feminino para a Prevenção e o Combate à Violência Contra a Mulher e Empoderamento Feminino 65

11.1 Canal de Denúncias..65

11.2 Encaminhamentos Possíveis...66

11.3 Fluxo...66

12. Conjunto de Ações e Políticas Públicas............................68

12.1 Orientação e Participação Multidisciplinar.....................68

13. ESG – O Que a Sigla ESG Quer Dizer Sobre uma Empresa..69

14. Responsabilidade Social nas Empresas e Defesa dos Direitos das Mulheres 71

14.1 O Que Significa Responsabilidade Social? 71

15. Código Compliance Feminino...72

16. Selo Justiça de Saia 74

17. Anexos 75

Anexo 1: ESG na Prática 75

Anexo 2: ESG na Prática – Projeto Justiceiras – Canal de Denúncias 76

Anexo 3: Sugestão Pesquisa "Perfil" das Colaboradoras da Empresa – Assédio Sexual, Assédio Moral e Violência Doméstica 77

Anexo 4: Parceria com a Ouvidoria das Mulheres do Conselho Nacional do Ministério Público – Ouvidoria do CNMP 100

Anexo 5: Glossário – Conceitos Históricos dos Direitos das Mulheres 101

Cultura do Estupro 101

Discriminação Contra a Mulher 101

Discurso de Ódio 102

Divisão Sexual do Trabalho 102

Empoderamento Feminino 104

Feminicídio 104

Feminismo 105

Gênero 107

Interseccionalidade 108

Julgamento Moral ou *Slut Shaming* 109

Lugar de Fala 109

Misoginia 110

As Interseccionalidades das Mulheres 110

Mulheres com Deficiência 110
Mulheres Gestantes e Lactantes 111
Mulheres Idosas 112
Mulheres Negras 113
Mulheres Trans 113
Homem Espaçoso ou *Manspreading* 114
Homem Sabe Tudo/Explica Tudo ou Mansplaining 115
Homem que Interrompe ou *Manterrupting* 115
Homem que se Apropria das Ideias das Mulheres ou *Bropriating* 115
Homem Manipulador ou *Gaslighting* 116
Homem que Reclama ou *Male Tears* 117
Homem que Encara ou *Staring* 117
Síndrome do Desamparo Aprendido 118
Sororidade 119
Teto de Vidro 119
Tráfico de Pessoas 119
Anexo 6 – Legislação 122
Anexo 7 – Ato Conjunto TST.CSJT.GP 123

Dedico esta obra:

Ao meu pai Antonio, que é o grande líder da nossa família e meu maior incentivador.

À minha mãe Regina, meu maior exemplo de luta feminina, perseverança e alegria de viver.

Aos meus irmãos Antônio, Domitila e João por formarem o nosso núcleo de amor e apoio, sempre juntos, com nossos filhos.

Aos meus filhos Camila, Felipe e Arthur que entenderam, desde pequenos, que minha missão nessa vida é servir a sociedade brasileira.

Amo muito todos vocês.

"Considerando o aumento da representatividade das mulheres no mercado de trabalho, o Código de Compliance Feminino passa a ser ferramenta fundamental para auxiliar as empresas no tratamento de questões complexas e críticas em relação à violência contra as mulheres.

Esse livro trará, de forma clara e objetiva, apoio e orientação a esse tema delicado, que exige comprometimento e apoio das empresas, além de ser um grande aliado das mulheres".

Andrea Muniz
Empreendedora

Para quem o Compliance atua dentro das empresas? Em uma máquina corporativa que historicamente vem sendo dirigida por homens, brancos, héteros e privilegiados, a resposta é um tanto quanto complexa, para não dizer óbvia, não é mesmo?

Aonde estão as mulheres nestes espaços? E as mulheres negras? As mulheres trans? As mulheres em suas diferentes formas de ser e pensar? Será que as empresas estão preparadas para criar diretrizes que garantam os direitos das mulheres em seus espaços e, sobretudo, preparadas para dialogar e cocriar estas novas diretrizes? Preparadas para mudar a cultura e implantar treinamentos e ações de melhoria contínua dentro deste tema? Estabelecer KPIS de mudança? Banir assediadores que estejam na posição de cargos C-level ou não?

O trabalho da Gabriela Manssur neste livro e, sobretudo, em toda sua história de defesa da mulher, é essencial para que possamos criar pontes que construam diálogos e ações propositivas de equidade de gênero em espaços como o mundo corporativo, tão tóxico para mulheres. Que este livro contribua para mudanças significativas dentro das companhias.

Que as mulheres tenham cada vez mais espaços onde possam exercer seus direitos e construir histórias como protagonistas.

Viviane Duarte
Fundadora do Instituto Plano de Menina

"Os homens são da Terra, as mulheres são da Terra. Lide com isso", disse o ator e humorista americano George Carlin.

Acredite, ainda vivemos em um planeta que despreza a igualdade de gênero.

Basta ver uma decisão de um juiz do Tribunal Superior de Los Angeles, em meados de maio de 2022. Ele decidiu que a lei estadual de 2018, exigindo que as empresas públicas com sede na Califórnia tenham um número mínimo de mulheres em seu conselho, viola a constituição do estado. A lei obrigava que as empresas colocassem pelo menos uma mulher em seu conselho até o final de 2019 – ou enfrentariam uma penalidade.

Não duvido que muitas mulheres estariam aptas a ocupar aquele Conselho. Mas foi preciso uma lei, que acabou sendo derrubada.

Embora a conscientização esteja crescendo em relação ao fechamento das lacunas corporativas de gênero e algum progresso tenha sido feito, as disparidades são uma realidade em diferentes setores.

Ainda assim sou otimista: atualmente existe um pensamento corrente que a integridade dos negócios vai além do consenso anticorrupção, que passa também pela diversidade, inclusão e a igualdade de gênero.

Há ainda falhas de integridade, sem dúvida, que se manifestam como discriminação, disparidade salarial, assédio sexual, entres outros fenômenos que prejudicam o ambiente interno de uma empresa e afetam diretamente a vida de seus funcionários e das comunidades em que vivem.

Reconhecer e abordar essas falhas de integridade é fundamental para as empresas que desejam liderar, tanto em diversidade quanto em inclusão e integridade nos negócios, contribuindo para o alcance dos objetivos de desenvolvimento sustentável.

O compliance está em constante mudança, com novas tendências e novos desafios a serem alcançados, e exige que cada situação seja focada de diferentes formas, pontos de vista e abordagens.

Mas, felizmente, não é mais visto como um custo necessário para muitas empresas. E, sim, uma vantagem competitiva, que implica em aplicar padrões de gestão que são valorizados pelo mercado, ao mesmo tempo em que estabelece uma cultura corporativa inclusiva, em que as pessoas se sentem apoiadas e seguras em um ambiente ético e que valoriza a diversidade de gênero.

Essa é a chave. E grandes líderes motivam e inspiram as pessoas a alcançar algo verdadeiramente transformador."

Anne Wilians
Sócia da Nelson Wilians Advogados e Fundadora do Instituto Nelson Wilians

"A cultura do Compliance traduz relações que buscam, através de maior integridade e transparência, justamente um maior nível de igualdade entre as pessoas.

Perpassa a busca da igualdade, inafastavelmente, a discussão sobre a desigualdade de direitos milenar entre homens e mulheres.

A presente obra procura integrar os dois temas, enfatizando o crescimento do número de mulheres em cargos de liderança nas empresas e em sua capacidade de um olhar diferenciado na resolução de conflitos inerentes ao mundo corporativo"

Mariana Bazzo
Promotora de Justiça

Em um momento em que garantir a satisfação dos *stakeholders* começa a dar contorno a um novo capitalismo, as empresas se consolidam como os mais importantes vetores de transformação e garantia do bem-estar da sociedade.

A mulher, por sua vez, tem se mostrado um dos principais pilares da sociedade, não só como eixo central de equilíbrio das famílias, mas também em relação à participação e produtividade nas empresas e ao seu poder de influência perante as decisões na economia.

É nesse contexto que garantir os interesses e direitos das mulheres deixa de ser, no mundo empresarial, uma atividade acessória e passa a migrar para o centro da estratégia dos negócios. Chegou o momento em que a compliance deixa de ser o cumprimento de leis básicas e passa a ser a adoção de boas práticas mínimas e necessárias para garantir a satisfação e a necessidade das pessoas.

O Código de Compliance Feminino traz uma luz importante em um tema ainda obscuro e de difícil trato dentro das empresas, pois lida com questões culturais que precisam urgentemente ser trabalhadas na relação das empresas com a mulher.

João Francisco de Carvalho Pinto Santos
Especialista em ESG, empreendedor e sócio da *Integrow Beyond Numbers*

Apresentação

Lugar de mulher é onde ela quiser, mas se ela sofre violência ela não vai a lugar nenhum.

A principal forma de prevenção à violência contra mulher é, sem dúvida, a autonomia financeira. Portanto, é obrigação de toda sociedade civil, e principalmente da iniciativa privada, oferecer um ambiente de trabalho saudável e que garanta a segurança da mulher nas empresas.

É um direito nosso ocupar cargos de poder e liderança e desenvolver todos os nossos talentos, sem qualquer tipo de obstáculo ou discriminação pelo fato de sermos mulheres.

Se tem algo que me realiza e me dá mais coragem para enfrentar os obstáculos do dia a dia é o meu trabalho. E é isso que eu quero para todas as mulheres brasileiras: que elas consigam alcançar a plena realização pessoal, profissional, em um ambiente livre de qualquer tipo de violência, para fazer valer a máxima de que o "lugar de mulher é onde ela quiser". Minha mãe me ensinou a nunca desistir. Mas muitas vezes deixamos de realizar nossos objetivos, ou perseguir nossas metas, pela diminuição do nosso valor ou por não termos espaços de mostrar as nossas habilidades profissionais simplesmente por sermos mulheres, o que me causa tamanha indignação.

Portanto, quero colaborar para que todas as mulheres possam demonstrar o melhor da essência feminina, principalmente no mercado de trabalho, apresentando estratégias para que as empresas possam ser as grandes aliadas do empoderamento feminino e do combate à violência.

Aliás, sempre falo que o gestor público ou privado que apoiar o empoderamento feminino, o combate à violência contra mulher e incentivar a participação feminina em todos os espaços de poder e liderança são os homens parceiros do presente e serão os grandes líderes do futuro, deixando um grande legado para as gerações femininas que cada vez mais crescerão sabendo o que querem. "O futuro é feminino".

Gabriela Manssur

Prefácio

As disparidades entre homens e mulheres são menos frequentes e menores quando comparadas àquelas de 20 anos atrás. Todavia, lacunas graves ainda permanecem. Nas últimas duas décadas, vimos avanços significativos na eliminação destas lacunas de gênero ou gender gaps, em especial na educação e na saúde. A maioria dos países conseguiu reduzir as disparidades entre meninas e meninos no acesso e conclusão do ensino básico e na transição para o ensino médio. Além disso, tanto mulheres quanto homens estão vivendo mais e vivendo vidas mais saudáveis. Mas uma grave lacuna ainda persiste: as mulheres têm acesso limitado às oportunidades econômicas, e sua possibilidade de tomar decisões sobre suas próprias vidas e de agir nas oportunidades – sua *agency* – é restrita de muitas formas (KLUGMAN, 1964).

O Brasil é a maior economia da América Latina e, mesmo antes da pandemia de COVID-19, já figurava entre os países mais desiguais do mundo nas relações de gênero. As mulheres representam 51,7% da população brasileira de acordo com o primeiro teste nacional do Censo Demográfico de 2022. Ainda que maioria populacional, de acordo com o *Global Gender Gap Report* do Fórum Econômico Mundial de 2021, ocupamos a 93ª posição no ranking de igualdade de gênero, entre 156 nações avaliadas, o penúltimo lugar na América Latina. Para se ter uma ideia de quanto estamos regredindo, em 2006 o Brasil ocupava o 67º lugar.

De acordo com o IBGE, a participação de mulheres com filhos de até 10 anos no mercado caiu para 50,6%. Em 2020, no relatório do PNUD, 40% das pessoas afirmaram que os homens são melhores executivos que as mulheres e 28% das pessoas afirmaram que é justificável um homem bater em sua esposa.

Os dados de violência contra a mulher no Brasil revelam um quadro grave e indicam também que muitas dessas mortes poderiam ter sido evitadas. Em inúmeros casos, até chegar a ser uma vítima de violência fatal, essa mulher sofre uma série de outras violências de gênero, como bem especifica a Lei Maria da Penha (Lei 11.340/06). A violência psicológica, patrimonial, física ou sexual, em um movimento de agravamento crescente, muitas vezes antecede o desfecho fatal. Seguimos sendo o 5º país em feminicídio no mundo.

Em 1996, o secretário-geral da ONU, Kofi Annan, fez um convite às empresas: não é possível avançar nenhuma agenda de Direitos Humanos sem a participação, o protagonismo e a responsabilidade do setor privado. O papel das empresas passa a ser visto como fundamental e, em 2010, surge o compromisso das empresas com os Princípios de Empoderamento das Mulheres (WEPs). A partir de 2011 são editados os Princípios Orientadores sobre Empresas e Direitos Humanos da ONU.

Em 2015 surgem os ODS ou Objetivos de Desenvolvimento Sustentável (ODS) ou *Sustainable Development Goal*, que são metas concretas com indicadores para que a sociedade consiga avançar para a agenda 2030. O ODS número 5 busca "alcançar igualdade de gênero e empoderar todas as mulheres e meninas", e representa uma oportunidade única para enfrentarmos globalmente uma constrição estrutural e mudar normas sociais, que podem potencialmente permitir caminhos permanentes para erradicação da pobreza e para a igualdade de gênero, objetivos da agenda 2030. Sem alcançarmos o ODS 5, nenhum dos outros poderá ser concretizado. Segundo o Banco Mundial, 104 economias do mundo ainda impedem que mulheres atuem em determinadas atividades simplesmente por serem mulheres – o Brasil inclusive – sendo que 59 países não possuem leis contra o assédio sexual no ambiente de trabalho; 39 países impedem que mulheres herdem bens de seus pais; em 36, viúvas não têm direito a imóveis ou quaisquer propriedades que pertenciam à família; em 18 países os maridos podem proibir as mulheres de trabalhar; e em 3 as mulheres precisam de autorização do marido para abrir conta em banco. No total, no mundo, 2,7 bilhões de mulheres enfrentam algum tipo de restrição legal por serem mulheres.

Os países têm dado importantes passos para leis que protegem as mulheres de práticas violentas agressivas. Em 2016, 137 países já possuíam leis específicas para o enfrentamento da violência doméstica, e 149 países a proibição ou restrição do casamento infantil. Por outro lado, muitas economias ainda possuem diferenciações legais que afetam diretamente as oportunidades econômicas para as mulheres. Quase 60% dos 188 países que possuem dados disponíveis não possuem um arcabouço legal para garantir oportunidades iguais de contratação, para assegurar salários iguais para trabalhos iguais desempenhados por homens e mulheres, ou para permitir que as mulheres possam atuar nos mesmos empregos que os homens.

As pesquisas na área estimam que as desigualdades de gênero causam uma perda média de 15% nas economias dos países da Organização para a Cooperação e Desenvolvimento Econômico (OCDE). Dar mais direito às mulheres significa, portanto, dar mais incentivos para que tenham autonomia financeira e para que impulsionem a economia de toda a nação.

MERCADO DE TRABALHO

A violência sexual no país ainda carece de respostas eficazes. O Brasil contabilizou mais de 66 mil casos de violência sexual em 2018, o que corresponde a mais de 180 estupros por dia. Entre as vítimas, 54% tinham até 13 anos. É o número mais alto desde 2009, quando houve a mudança na tipificação do crime de estupro no Código Penal brasileiro, e o atentado violento ao pudor passou a ser enquadrado como estupro. Os dados fazem parte do 13º Anuário de Segurança Pública, produzido pelo Fórum Brasileiro de Segurança Pública.

Para o Banco Mundial, a produtividade do trabalhador(a) poderia aumentar até 40% se todas as formas de discriminação contra funcionárias e gerentes mulheres fossem eliminadas.

Falar em inclusão das mulheres no mercado de trabalho passa necessariamente pela revisão e adequação das políticas de governança corporativa sob perspectiva de gênero. Não estamos falando aqui apenas sobre a participação e o acesso de mulheres - de todas as mulheres: negras, lésbicas, trans, com deficiência, jovens, idosas - mas de condições de permanência e sentimento de pertencimento ou *belonging*, e também de ascensão, ou seja, crescimento e desenvolvimento pessoal e profissional dentro das organizações privadas.

Muito se ouve falar em agenda ESG, sigla que significa *Environmental, Social & Governance* e que descreve boas práticas ambientais, sociais e de governança sustentável, e parâmetros de excelente governança corporativa. Nada mais do que a evolução do conceito de desenvolvimento sustentável, que considera não apenas os aspectos ambientais de prevenção e impacto, mas também os seus desdobramentos sociais.

Considerando os números alarmantes de assédio sexual e moral dentro das empresas, passamos a nos preocupar com a construção de um ambiente de trabalho mais seguro e saudável.

A prevenção de incidentes de conduta sexual inadequada é um dos aspectos do Compliance Cultural. Uma prática que pode ser resumida em ações de fortalecimento, personalizadas de acordo com a necessidade de cada empresa, de um ambiente de trabalho plural, igualitário e tolerante por meio do desenvolvimento de políticas de governança sob a perspectiva de gênero, da prevenção de danos e do contingenciamento de potenciais riscos. Ações que envolvem a capacitação e disseminação de conhecimento da alta liderança aos colaboradores; a normatização de condutas e prevenção de incidentes de segurança relacionados à conduta sexual inadequada e outras condutas discriminatórias baseadas na raça, orientação sexual, idade, deficiência etc; a formação de gestores para escuta e tratamento adequado de denúncias; a criação, implementação e gestão de um canal qualificado de denúncias.

Precisamos que as empresas se engajem, se sintam apropriadas e se incentivem na luta pelos direitos das mulheres dentro e fora do mercado de trabalho privado. Fazendo das palavras da Gabriela Manssur: "lugar de mulher é onde ela quiser".

Marina Ganzarolli
Advogada, CEO da MG Consulting, Presidente do Me Too Brasil, Doutoranda da USP e integrante do Comitê Consultivo do Movimento Elas Lideram da Rede Brasil do Pacto Global da ONU.

Introdução

O Brasil ocupa o 5º lugar no ranking mundial de violência contra as mulheres, de acordo com o Alto Comissariado das Nações Unidas para os Direitos Humanos (ACNUDH). Em relação ao mundo do trabalho, segundo o IBGE[1], entre as pessoas com nível superior completo, as mulheres representam no mercado 19,4%, enquanto os homens são 15,1%. Nesse sentido, no ambiente de trabalho, por mais qualificadas que as mulheres sejam, elas ainda recebem salários menores e estão mais vulneráveis aos assédios. Segundo pesquisa do Tribunal Superior do Trabalho, os assédios cometidos no ambiente de trabalho atingem 50% da força de trabalho feminina[2]. Destaca-se que apenas 5% das mulheres vítimas de violência no trabalho reportam os casos.

Com base nos dados apresentados, este Código objetiva subsidiar as organizações no entendimento sobre conceitos e definições dos tipos de violência contra as mulheres no mercado corporativo, bem como disponibilizar ferramentas práticas para a construção de ambiente de trabalho responsável, ético, diverso e livre de violência de gênero.

Além disso, a intenção é demonstrar a importância das empresas oferecerem acolhimento especializado para a colaboradora que sofre violência doméstica. O ambiente de trabalho é o segundo lar da mulher e um local onde ela deve encontrar segurança. Infelizmente, na maioria das vezes, não há escuta ativa da vítima de violência doméstica nos ambientes das companhias: não há acolhimento, orientação e não são realizados os encaminhamentos necessários. Tais providências, se tomadas, poderão evitar a prática de crimes mais graves e contribuir positivamente para a diminuição da violência contra a mulher e do feminicídio no Brasil.

---

1 Pesquisa "Estatísticas de gênero: indicadores sociais das mulheres no Brasil", disponível em Tribunal Superior do Trabalho.

2 Pesquisa "O Ciclo do Assédio sexual nos ambientes profissionais", disponível em Tribunal Superior do Trabalho.

Pretende-se demonstrar a relevância da responsabilidade social da empresa na prevenção e enfrentamento à violência contra a mulher. A participação da iniciativa privada em parceria com a sociedade civil e com o poder público é condição indispensável para o desenvolvimento de políticas públicas efetivas na defesa dos direitos das mulheres.

Investimentos em campanhas informativas, pesquisas, levantamento de dados, projetos sociais, canais de denúncias e abertura de portas para garantir a empregabilidade das mulheres em situação de violência são exemplos de ações simples, eficazes e que demonstram preocupação da empresa não só com a mulher-consumidora, mas também com a mulher-cidadã e titular de direitos.

Por fim, delimitar-se-á o cerne histórico e sociológico de como todas essas condutas nocivas contra os direitos das mulheres podem afetar o seu desempenho nas atividades de trabalho.

Busca-se contribuir com o debate sobre: o que é cultura de estupro; discriminação contra a mulher; discurso de ódio; divisão sexual do trabalho; empoderamento feminino; feminismo; gênero; interseccionalidade; slut shaming (julgamento moral sobre uma mulher); bropriating (homem que se apropria da mesma ideia já expressa por uma mulher); gaslighting (abuso psicológico); manterrupting (situações em que homens interrompem falas de mulheres); mansplaining (situações em que homens explicam algo óbvio para uma mulher); manspreading (situações em que homens ocupam mais espaço nos transportes públicos simplesmente por serem homens); male tears (quando um homem reclama); lugar de fala; machismo; misoginia; mulheres com deficiência; mulheres negras; mulheres trans; pornografia de vingança (revenge porn); patriarcado; síndrome do desamparo aprendido; sororidade; teto de vidro; tráfico de pessoas; violência contra a mulher; e violência doméstica.

É papel das organizações e empresas o desenvolvimento de processos de compliance neste âmbito, o Compliance Feminino, cuja forma, conteúdo e importância serão demonstrados nesse Código.

A violência de gênero traz danos profundos às vítimas e traumas potencialmente irreversíveis, além de prejudicar o ambiente de trabalho, causando, por exemplo, quedas de produtividade, engajamento, eficiência e a consequente demissão da mulher, com impacto drástico na economia, uma vez que 70% das mulheres brasileiras são arrimos de família e responsáveis pela subsistência dos lares.

MERCADO DE TRABALHO

Organizações modernas devem vislumbrar o desenvolvimento de ações que garantam segurança e igualdade para as mulheres. A construção de ambientes de trabalho responsáveis, não-discriminatórios e livres de violência contra as mulheres deve ser um compromisso coletivo, de toda a sociedade brasileira.

Nesse trabalho de fôlego do Instituto Justiça de Saia, o objetivo é auxiliar o mundo corporativo a identificar, prevenir e combater qualquer tipo de violência contra a mulher, providenciar os encaminhamentos necessários e implementar ações para a construção de um ambiente de trabalho harmonioso e livre de violência de gênero. Tudo isso para que a empresa demonstre responsabilidade social, lucro ético, credibilidade junto à sociedade e colaboração efetiva para o desenvolvimento de um país mais justo, mais solidário e menos violento com as mulheres. Tudo de acordo com o conceito ESG[3], boas práticas empresariais que se preocupam com critérios ambientais, sociais e gestão de excelência.

O Código de Compliance Feminino analisará as principais formas de violência que impactam diretamente o mercado de trabalho: Assédio Moral, Assédio Sexual e Violência Doméstica.

Além disso, trará conceitos necessários para a compreensão sociológica da história dos direitos das mulheres.

Lugar de Mulher é Onde Ela Quiser
Lugar de Mulher é No Trabalho!

---

3   Fonte: https://ampliar.org.br/responsabilidade-social-para-empresas

CÓDIGO DE COMPLIANCE FEMININO

Código de Compliance Feminino

É urgente a adoção do Código de Compliance Feminino nas empresas, com o objetivo de desenvolver a responsabilidade social, implementar o lucro ético, promover o empoderamento feminino, prevenir e combater o assédio moral, sexual e todas as formas de violência de gênero, além de acolher, apoiar e proteger as colaboradoras em situação de risco, que podem encontrar na empresa uma esperança para uma vida livre de violência.

Art. 1º: A criação de canais internos para o recebimento de denúncias sobre assédio moral, assédio sexual e qualquer forma de violência contra a mulher;

Art. 2º: O treinamento e monitoramento de equipes especializadas para recebimento das denúncias e acolhimento das vítimas;

Art. 3º) O apoio multidisciplinar às colaboradoras que sofreram algum tipo de violência, internamente ou em parceria com órgãos/instituições especializadas;

Art. 4º) Providenciar os encaminhamentos necessários para as providências jurídicas e administrativas cabíveis, seja para equipe interna especializada ou para equipe externa, mediante parcerias órgãos/instituições especializadas;

Art. 5º) Zelar pelo sigilo das informações, punição dos agressores e proteção às vítimas;

Art. 6º) Fomentar investimentos em políticas públicas efetivas na defesa dos direitos das mulheres:

Inciso I - criação de comitês/núcleos internos;
Inciso II - campanhas informativas;
Inciso III - implementar projetos desenvolvidos pelo 3o Setor;
Inciso IV - parcerias público-privadas;
Inciso V - realização de congressos, eventos, premiações;
Inciso VI - articulação para aprovação de projetos de lei com foco em políticas públicas efetivas para as mulheres, "advocacy".

Art. 7º) Incentivar outras empresas a adotar posturas semelhantes responsabilidade social e compliance feminino, sugerindo e impulsion a formação de coalizações e grupos empresariais de prevenç combate à violência contra a mulher e empoderamento feminino.

Art. 8º). Incentivar e promover a participação do público masculin discussões, debates e desenvolvimentos de projetos e políticas pú sobre o tema prevenção e combate à violência contra a mu empoderamento feminino.

Art. 9º) Incentivar e adotar medidas que promovam a presen mulheres nos cargos de poder e liderança da empresa, a fim de cole para a equidade de gênero e empoderamento feminino.

Artigo 10º) Disponibilizar, como prioridade, vagas de trabalho p empregabilidade de mulheres em situação de violência e vulnerab econômica

MERCADO DE TRABALHO

Código de Compliance Feminino

Ouvidoria da Mulher

Canal especializado e sigiloso para o recebimento de denúncias, incluindo assédio moral, sexual e violência doméstica sofrida pelas funcionárias

Meios de recebimento

whatsapp, e-mail, QR code, links, redes sociais, pessoalmente

Equipe Especializada Interna

Treinada para o acolhimento e atendimento humanizado e escuta ativa, composto por advogada, psicóloga, assistente social e "melhor amiga" (pessoa para acolher a vítima).

Projetos de Valorização da Mulher

Encaminhamento para projetos parceiros de valorização da mulher, liberdade, independência financeira, capacitação, inclusão no mercado de trabalho, geração de renda, empreendedorismo, entre outros.

Órgão Responsável da Empresa

Providências jurídicas, trabalhistas e administrativas.

CNMP/ Ouvidoria da Mulher do CNMP
Conselho Nacional do Ministério Público

Encaminhamento para órgãos competentes: Ministério Público do local dos fatos, Ministério Público Federal, Ministério Público do Trabalho, Órgão fiscalizador de classe, entre outros.

Ações Imediatas de Compliance Feminino

Criação do canal Ouvidoria das mulheres

Implementação de equipe especializada para o recebimento das denúncias e encaminhamentos necessários:

a) autoridades competentes,
b) órgão interno da empresa para o para as providências jurídicas, trabalhistas e administrativas; e
c) encaminhamento para projetos parceiros de valorização da liberdade da mulher como empreendedorismo no feminino, geração de renda e inserção no mercado de trabalho.

3. Desenvolvimento de um núcleo ou comitê interno para acompanhamento do "compliance feminino", além de zelar e assegurar o sigilo das informações constantes das denúncias e dos processos internos e externos, garantindo o acesso às vítimas; devolutiva às vítimas sobre o andamento dos processos; e determinação de prazo razoável para o término das apurações.

4. Criação de campanhas de conscientização sobre o tema, periodicamente, tanto para o público interno, como para toda a sociedade.

5. Desenvolvimento de uma pesquisa interna com as mulheres da empresa, denominada "Perfil" sobre: assédio moral, assédio sexual e violência doméstica (itens da pesquisa já desenvolvidos)

1. Violência Contra a Mulher

O que é violência contra a mulher?

São condutas de ação ou omissão, de discriminação, agressão ou coerção, perpetrada pelo fato de a vítima ser mulher, que cause dano, morte, constrangimento, limitação, sofrimento físico, sexual, moral, psicológico, social, político ou econômico ou perda patrimonial.

Esse tipo de violência pode ocorrer em espaços públicos e privados. A Convenção de Belém do Pará (Convenção Interamericana para Prevenir, Punir e Erradicar a Violência contra a Mulher) prevê que a violência contra a mulher é: "qualquer ato ou conduta baseada no gênero, que cause morte, dano ou sofrimento físico, sexual ou psicológico à mulher, tanto na esfera pública como na esfera privada", Capítulo I, Artigo 1º.

A violência contra as mulheres alcança todas as classes sociais e é uma temática a qual toda a sociedade deve estar atenta e se comprometer com a sua prevenção e enfrentamento.

Formas de violência contra a mulher:

I - a violência física, entendida como qualquer conduta que ofenda sua integridade ou saúde corporal;

II - a violência psicológica, entendida como qualquer conduta que lhe cause dano emocional e diminuição da autoestima ou que lhe prejudique e perturbe o pleno desenvolvimento ou que vise degradar ou controlar suas ações, comportamentos, crenças e decisões, mediante ameaça, constrangimento, humilhação, manipulação, isolamento, vigilância constante, perseguição contumaz, insulto, chantagem, violação de sua intimidade, ridicularização, exploração e limitação do direito de ir e vir ou qualquer outro meio que lhe cause prejuízo à saúde psicológica e à autodeterminação;

III - a violência sexual, entendida como qualquer conduta que a constranja a presenciar, a manter ou a participar de relação sexual não desejada, mediante intimidação, ameaça, coação ou uso da força; que a induza a comercializar ou a utilizar, de qualquer modo, a sua sexualidade, que a impeça de usar qualquer método contraceptivo ou que a force ao matrimônio, à gravidez, ao aborto ou à prostituição, mediante coação, chantagem, suborno ou manipulação; ou que limite ou anule o exercício de seus direitos sexuais e reprodutivos;

IV - a violência patrimonial, entendida como qualquer conduta que configure retenção, subtração, destruição parcial ou total de seus objetos, instrumentos de trabalho, documentos pessoais, bens, valores e direitos ou recursos econômicos, incluindo os destinados a satisfazer suas necessidades;

V - a violência moral, entendida como qualquer conduta que configure calúnia, difamação ou injúria.

1.1 Evidência do Problema

O Brasil é o 5º (quinto) país com mais casos de feminicídios no mundo. Uma em cada quatro mulheres sofreu violência doméstica ao longo da vida, conforme um estudo publicado no periódico científico "The Lancet".

A Agência Patrícia Galvão apurou que uma mulher é vítima de estupro a cada 10 minutos, três mulheres são vítimas de feminicídio a cada um dia, 30 mulheres sofrem agressão física a cada um dia.

INTERESSANTE: de março de 2020 até maio de 2022, o Projeto Justiceiras, considerado um importante canal de denúncias online e de atendimento multidisciplinar às mulheres vítima de violência, idealizado pela promotora de justiça Gabriela Manssur, levantou os seguintes dados sobre violência contra as mulheres no Brasil:

CÓDIGO DE COMPLIANCE FEMININO

Entre 31 e 40 anos
É a faixa etária mais frequente das mulheres

5 em cada 10 mulheres são não brancas (pretas, pardas ou indígenas)

Cor
- Preta 12,36%
- Branca 49,17%
- Parda 33,91%
- 1,51%

Idade
- Até 15 anos: 266
- Entre 16 e 20 anos: 524
- Entre 21 e 30 anos: 2.690
- Entre 31 e 40 anos: 3.445
- Entre 41 e 50 anos: 1.882
- Mais de 51 anos: 725

Renda
- Sem renda: 2.991
- Até meio s.m.: 1.493
- Entre meio e 1 s.m.: 2.290
- Entre 1 e 2 s.m.: 1.353
- Entre 2 e 3 s.m.: 559
- Entre 3 e 4 s.m.: 290
- Mais de 5 s.m.: 412

7 em 10 mulheres tem renda até
4 em 10 mulheres estão desempregadas

Situação de trabalho
- Desempregada: 4 Mil
- Empregada com carteira de trabalho: 2,1 Mil
- Trabalhadora e empreendedora autônoma: 1,6 Mil
- Empregada sem carteira de trabalho: 0,7 Mil
- Estudante e dependente da minha família: 0,6 Mil
- Estudante e com renda independente: 0,2 Mil
- 0,1 Mil

Filhos menores de 16 anos
- Não informado: 11,62%
- Não: 33,88%
- Sim: 54,51%

Religião
- Espírita: 7,08%
- Evangélica: 15,57%
- Católica: 19,58%
- Nenhuma: 22,59%
- Outra: 35,27%

5 em cada dez mulheres tem filhos
8 em cada 10 mulheres tem alguma religião

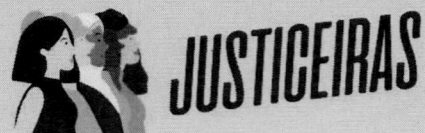

MERCADO DE TRABALHO

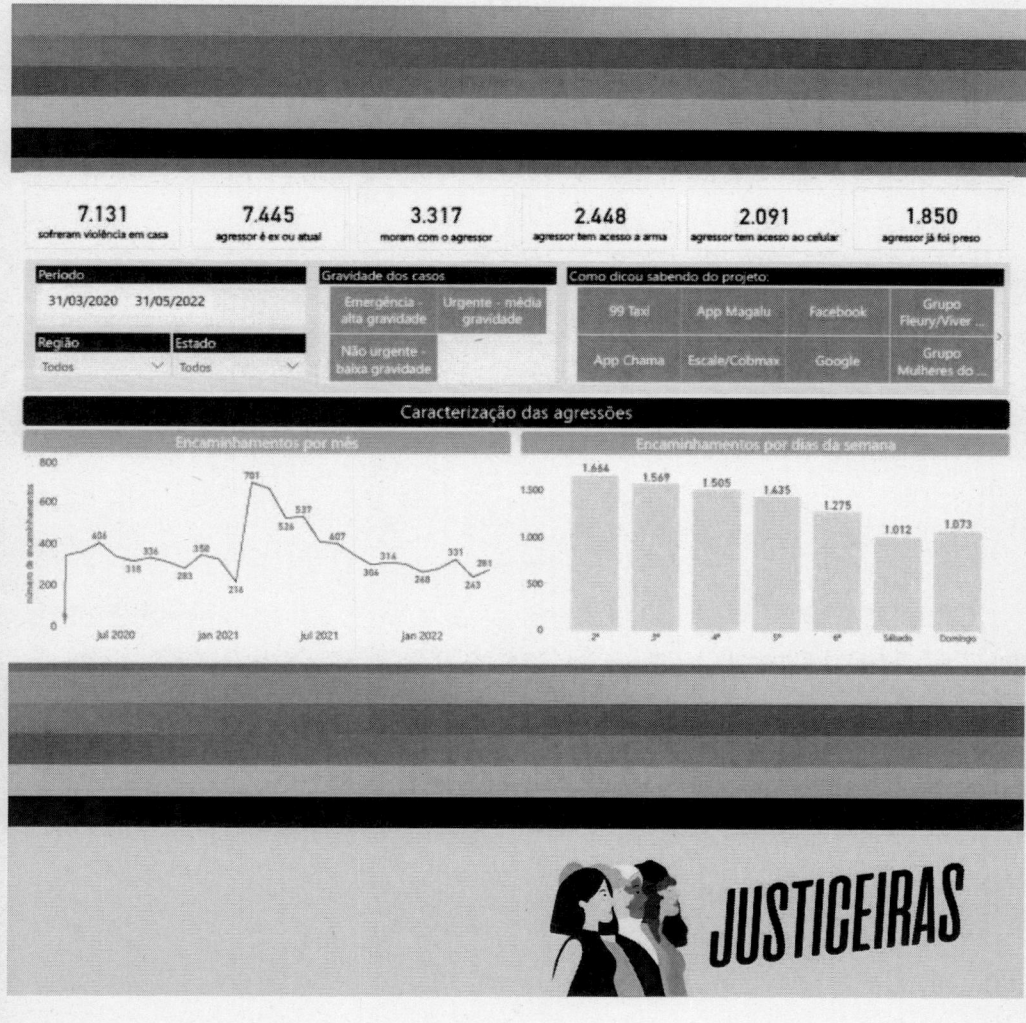

CÓDIGO DE COMPLIANCE FEMININO

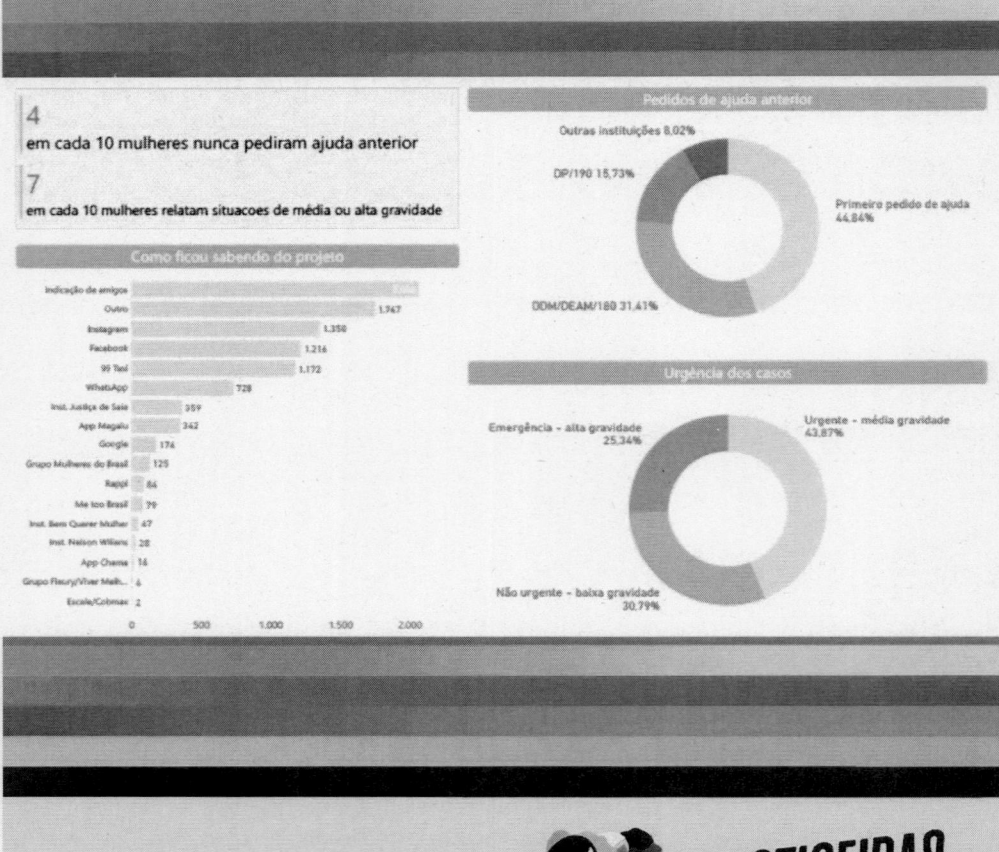

30 • GABRIELA MANSSUR

2. Assédio Moral no Trabalho

2.1 O que é Assédio Moral no Trabalho?

O assédio moral ocorre quando a vítima é exposta a uma condição de humilhação e constrangimento no âmbito do trabalho, de maneira reiterada e duradoura, ao exercer suas funções. Por isso, é um comportamento que acarreta danos à dignidade e à integridade da trabalhadora, como também desenvolvem-se riscos à sua saúde física, psíquica e social.

Esta é uma forma de violência que tem como objetivo desestabilizar emocional e profissionalmente a vítima e pode ocorrer por meio de ações diretas (acusações, insultos, gritos, humilhações públicas) e indiretas (propagação de boatos, isolamento, recusa na comunicação, fofocas e exclusão social).

O conceito de assédio moral foi elaborado pela psiquiatra e psicanalista Marie France Hirigoyen, e ele é definido como toda conduta abusiva por meio de ações, palavras, atos, gestos ou escritos que trazem danos à personalidade, à dignidade ou à integridade física e psíquica de uma pessoa, colocando em perigo o seu emprego ou desgastando o ambiente de trabalho (HIRIGOYEN, 2001, p. 65).

No contexto do assédio moral contra as mulheres, Hirigoyen (2005, p. 100) afirma que "as mulheres não somente são frequentemente vítimas, como também são assediadas de formas diferentes dos homens: as conotações machistas ou sexistas estão muitas vezes presentes".

Segundo o Tribunal Superior do Trabalho foram registrados, no ano de 2021, 52.936 processos de assédio moral. Uma pesquisa confeccionada pela médica do trabalho, Dra. Margarida Barreto, constatou que 42% dos trabalhadores entrevistados foram vítimas de assédio moral nas empresas.

Nos casos concretos, o assédio moral ocorre por intermédio de atitudes que atingem a autoestima, a autodeterminação, a evolução na carreira ou a estabilidade emocional da agente pública ou privada.

2.2 Quais São os Tipos de Assédio Moral?

Classificações do Assédio Moral

No ambiente de trabalho, o assédio moral pode ser classificado conforme a sua dimensão:

A. Assédio moral interpessoal:

Acontece de modo individual, direto e pessoal, com o objetivo de prejudicar a profissional no relacionamento com a equipe de trabalho.

B. Assédio moral institucional:

Ocorre quando há tolerância e incentivo às atitudes de assédio. Assim, a pessoa jurídica responsável também é autora da agressão, já que, por intermédio de seus administradores, são utilizados métodos organizacionais desumanos para aumentar a produtividade, fomentando uma cultura institucional controladora, humilhante e machista, uma vez que a maioria dos casos ocorrem contra mulheres.

C. Assédio moral vertical:

Realiza-se a partir de pessoas de nível hierárquico diferentes, como chefes e subordinados. O assédio moral vertical se subdivide em duas categorias:

i. Descendente: caracteriza-se por meio da pressão dos chefes com relação às colaboradoras subordinadas. O funcionário em cargo de superioridade se aproveita dessa máxima e posição para colocar a colaboradora em situações constrangedoras, como por exemplo exercer uma atividade que não compõe o seu ofício e habilidade, com intuito de induzi-la ao erro, prejudicar sua imagem e competência perante a empresa, podendo até causar a sua demissão;

ii. Ascendente: caracteriza-se como assédio realizado por subordinado ou grupo de subordinados contra a superior hierárquica. O objetivo principal é ocasionar constrangimento à chefe com atitudes como "boicotar" e chantagear uma nova gestora, visando à perda da sua posição hierárquica.

D. Assédio moral horizontal:

Acontece entre pessoas que são do mesmo nível de hierarquia. Essas atitudes decorrem do ambiente de competição exacerbado entre as colaboradoras. As pessoas que praticam esse tipo de conduta adotam uma forma prejudicial e intimidatória de liderar, tentando demonstrar mais competência a qualquer custo, constrangendo grande parte da equipe.

E. Assédio moral misto:

É a acumulação do assédio moral vertical e do horizontal, ou seja, a colaboradora é assediada com condutas como: desqualificação do seu trabalho, isolamento, silenciamento, humilhação, praticadas por superiores hierárquicos e também por colegas no ambiente de trabalho, como se estivessem unidos para prejudicar propositadamente a colaboradora.

2.3 Evidência do Problema

Para a Organização Internacional do Trabalho (OIT), mais de 50% das trabalhadoras em todo o mundo já sofreram assédio moral e sexual. Porém, somente 1% dos casos foram denunciados. No Brasil, o assédio, segundo a assediomoral.org, atinge 36% da população economicamente ativa. E os meios digitais podem ser usados para estas práticas.

A Agência Patrícia Galvão apurou que 76% das mulheres reconhecem já ter passado por um ou mais episódios de violência e assédio no trabalho.

2.4 Condutas que Podem Definir o Assédio Moral

São comportamentos que caracterizam o assédio moral no trabalho:

- Remover a autonomia da colaboradora ou censurar, frequentemente, sua opinião;
- Provocar a sensação de que a subordinada é inútil e incompetente, mudando suas atribuições de modo temerário e constante, impedindo que ela desenvolva rotina de trabalho e apresentação de resultados;
- Excluir, evitar ou impedir a participação da colaboradora em reuniões importantes e estratégicas, projetos, cursos e demais atividades coletivas da empresa;
- Isolar a colaboradora da equipe, atribuindo-lhe excesso de tarefas;
- Atribuir ofícios ultrajantes;
- Gritar ou falar de maneira descortês;
- Propagar boatos difamatórios sobre a honra, moral, comportamento e conduta social da assediada;
- Desmerecer seus problemas de saúde;
- Bisbilhotar, criticar e fofocar sobre a vida particular da assediada;
- Atribuir apelidos pejorativos à assediada;
- Exigir comportamentos desonrosos (danças, prendas, apostas) sob pena de punição;
- Postar mensagens pejorativas nas redes sociais sobre a vítima;
- Obstruir a comunicação direta com a vítima, utilizando-se apenas de e-mail, bilhetes, mensagens de celular, de aplicativos, redes sociais ou terceiros;
- Desqualificar ou ridicularizar, injustificadamente, as opiniões da vítima;
- Causar situações visando à perda de cargos ou funções, sem motivo justificado;
- Impor situações e regras de trabalho próprias, diferentes das dos demais colaboradores;

- Sobrecarregar a vítima com tarefas, funções e obrigações, causando-lhe uma rotina exaustiva de trabalho;

- Delegar deveres impossíveis de serem cumpridos ou determinar prazos desproporcionais para o término de um trabalho;

- Restringir o acesso a informações de modo a impedir a colaboradora de finalizar a tarefa;

- Realizar inspeção em excesso;

- Restringir a quantidade de vezes que a colaboradora vai ao banheiro e/ou monitorar o tempo de permanência;

- Repreender abusivamente;

- Promover o controle de um colaborador para com outro, criando um ambiente hostil de trabalho;

- Desqualificar, humilhar, isolar, ignorar e/ou ofender moralmente a colaboradora durante o desenvolvimento de suas funções;

- Desvalorizar/desconsiderar o trabalho intelectual e/ou a opinião técnica da colaboradora no desenvolvimento de suas funções;

- Interromper ou não deixar a colaboradora se manifestar nas reuniões;

- Expor ideia ou projeto da colaboradora apropriado/copiado por um colega, como se fosse de iniciativa dele;

- O colega de trabalho explicar coisas óbvias às pessoas sobre o que a colaboradora acabou de falar, ou dar explicações óbvias após sua fala, como se a vítima não fosse intelectualmente capaz de explicar ou compreender algo;

- Sofrer *"bullying"*, perseguição ou preconceito pela condição do gênero feminino.

Exemplos: tipo de cabelo, personalidade, vestimenta, ser solteira, divorciada, casada, viúva, por ter filhos, por não ter filhos, orientação sexual, religião, ideologia política, origem.

2.5 Quais são as Causas do Assédio Moral?

As principais causas da conduta do assédio moral no âmbito do trabalho estão conectadas a aspectos da economia, da cultura e do contexto emocional. Como exemplo, pode-se citar:

- Abuso do poder de direção e hierarquia;
- Machismo, misoginia e discriminação contra a mulher;
- Cultura organizacional pautada na falta de presença de mulheres em cargos de liderança;
- Divisão Sexual do Trabalho;
- Falta de investimento na gestão de pessoas e nas áreas de Recursos Humanos;
- Falta de regras claras e rígidas na prevenção e combate ao assédio moral;
- Fragilidade da Legislação existente;
- Dificuldade probatória. "Quem vai acreditar na palavra da vítima?";
- Abuso do poder da direção e hierarquia;
- Busca desenfreada, desproporcional e abusiva pelo cumprimento de metas;
- Cultura organizacional pautada no autoritarismo;
- Falta de investimento na gestão de pessoas e nas áreas de Recursos Humanos;
- Estímulo à rivalidade no âmbito do trabalho;
- Falta de regras claras e rígidas na prevenção e combate ao assédio moral;
- Omissão perante situações de abuso moral.

É importante entender que casos isolados poderão ser classificados apenas como dano moral, não sendo tipificada a conduta de assédio moral, uma vez que, para a sua caracterização, as ações devem acontecer reiteradamente e extrapolar os limites esperados de uma relação de trabalho saudável, além de ficar demonstrado o intuito de prejudicar a assediada, tanto na esfera emocional quanto na profissional.

2.6 De Olho na Lei

A Constituição da República Federativa do Brasil tem como fundamentos, entre outros, a dignidade da pessoa humana e o valor social do trabalho (art. 1º, incisos III e IV), assegurando-se o direito à saúde, ao trabalho e à honra (art. 5º, X, e 6º).

O Código Civil prevê: "Aquele que, por ação ou omissão voluntária, negligência ou imprudência, violar direito e causar dano a outrem, ainda que exclusivamente moral, comete ato ilícito (art. 186)".

Já a Consolidação das Leis Trabalhistas (CLT), não prevê um artigo específico sobre assédio moral, mas as condutas podem ser identificadas no artigo 483:

Art. 483 - O empregado poderá considerar rescindido o contrato e pleitear a devida indenização quando:

a) forem exigidos serviços superiores às suas forças, defesos por lei, contrários aos bons costumes, ou alheios ao contrato;

b) for tratado pelo empregador ou por seus superiores hierárquicos com rigor excessivo;

c) correr perigo manifesto de mal considerável;

d) não cumprir o empregador as obrigações do contrato;

e) praticar o empregador ou seus prepostos, contra ele ou pessoas de sua família, ato lesivo da honra e boa fama;

f) o empregador ou seus prepostos ofenderem-no fisicamente, salvo em caso de legítima defesa, própria ou de outrem;

g) o empregador reduzir o seu trabalho, sendo este por peça ou tarefa, de forma a afetar sensivelmente a importância dos salários.

§ 1º - O empregado poderá suspender a prestação dos serviços ou rescindir o contrato, quando tiver de desempenhar obrigações legais, incompatíveis com a continuação do serviço.

§ 2º - No caso de morte do empregador constituído em empresa individual, é facultado ao empregado rescindir o contrato de trabalho.

§ 3º - Nas hipóteses das letras d e g, poderá o empregado pleitear a rescisão de seu contrato de trabalho e o pagamento das respectivas indenizações, permanecendo ou não no serviço até final decisão do processo (Incluído pela Lei nº 4.825, de 5.11.1965).

Desta forma, quem comete assédio moral, além de ser punido administrativamente e perante a lei trabalhista, tem o dever de indenizar a vítima.

O Código Penal também não prevê o crime de assédio moral, mas a pessoa física que o comete pode responder por crimes como injúria, calúnia, difamação, ameaça e constrangimento ilegal.

2.7 Nem Tudo é Assédio Moral

É muito importante distinguir situações. Exigências de trabalho e volume de trabalho, por exemplo, não são, por si só, classificados como assédio moral. O que não se permite é que se extrapole os limites de uma relação de trabalho saudável.

Veja o que é permitido:

i. Exigências da profissão

Solicitar o cumprimento do trabalho com destreza e eficiência a partir do cumprimento de metas exigidas, não se configura assédio moral.

Todo ofício demanda responsabilidade, concretização de demandas e resultados a serem entregues. No dia-a-dia de trabalho, podem ocorrer cobranças, avaliações e apontamentos sobre a atuação profissional das colaboradoras e isso não se configura assédio moral.

ii. Volume de trabalho

Cada tipo de trabalho e função requerem responsabilidades diferentes e dedicação conforme a dificuldade e importância de cada atividade. Se o esforço desempenhado está previsto no contrato de trabalho e de acordo com a legislação trabalhista, esse elemento, por si só, não caracteriza assédio moral, salvo se criar uma rotina exaustiva e nociva de trabalho, a ponto de prejudicar a saúde da colaboradora. E, ainda, poderá ser assédio moral se a alta demanda de trabalho ocorrer com a intenção de punir, prejudicar ou desqualificar a colaboradora.

Atualmente, as empresas e o serviço público utilizam mecanismos tecnológicos para averiguar a rotina dos colaboradores, por exemplo, o ponto eletrônico. Esses métodos não configuram constrangimento ou intimidação, pois apenas funcionam para monitorar suas frequências e estão previstos na lei.

3. Assédio Sexual no Trabalho

3.1 O Que é Assédio Sexual no Trabalho?

O assédio sexual é definido, de forma geral, como o fato de constranger alguém, mediante "intimidação hierárquica" para obter o que deseja, contra a vontade da vítima, sempre com intenção sexual e no ambiente de trabalho. O assediador quase sempre possui posição hierarquicamente superior à da vítima, e/ou grande influência no ambiente de trabalho, e utilizando-se desse "poder" para obrigar a vítima a "ceder" à sua vontade, sob pena de "punição", "pedágio" ou "obstáculo" no desenvolvimento de suas atividades rotineiras e construção de sua carreira e trajetória.

São exemplos de condutas que podem configurar o assédio sexual no trabalho: beijo forçado, contato físico, relacionar-se intimamente com a vítima, ainda que esporadicamente, dar a entender que tem alguma coisa com a vítima, entre outras condutas, sempre com intenção sexual.

3.2 Quais São os Tipos de Assédio Sexual?

O assédio sexual é previsto como crime no artigo 216-A do Código Penal, com pena de 1 a 2 anos: "constranger alguém com o intuito de obter vantagem ou favorecimento sexual, prevalecendo-se o agente da sua condição de superior hierárquico ou ascendência inerentes ao exercício de emprego, cargo ou função".

Quando a conduta é praticada nas ruas, nos meios de transporte ou em outros contextos, o crime será importunação sexual ou estupro de vulnerável (se a vítima não puder oferecer resistência).

A descrição dos crimes de importunação sexual e estupro de vulnerável no Código Penal são:

a) Importunação sexual –

Incluído pela Lei nº 13.718, de 2018, que dispõe:

Art. 215-A. Praticar contra alguém e sem a sua anuência ato libidinoso com o objetivo de satisfazer a própria lascívia ou a de terceiro: Pena - reclusão, de 1 (um) a 5 (cinco) anos, se o ato não constitui crime mais grave.

Atenção: O termo "importunação sexual" significa qualquer prática de cunho sexual realizada sem o consentimento da vítima, ou seja, é caracterizado pela realização de ato libidinoso na presença de alguém, de forma não consensual, com o objetivo de satisfazer a própria lascívia ou a de terceiro".

b) Estupro de vulnerável –

Incluído pela Lei nº 12.015, de 2009, que dispõe:

Art. 217-A. Ter conjunção carnal ou praticar outro ato libidinoso com menor de 14 (catorze) anos Pena - reclusão, de 8 (oito) a 15 (quinze) anos. §1º Incorre na mesma pena quem pratica as ações descritas no caput com alguém que, por enfermidade ou deficiência mental, não tem o necessário discernimento para a prática do ato, ou que, por qualquer outra causa, não pode oferecer resistência.

c) Evidência do problema –

De acordo com o Tribunal Superior do Trabalho foram registrados, em 2021, 3.049 processos de assédio sexual. Uma pesquisa confeccionada pela empresa Pearson no Brasil, México, Índia e China, apurou que 87% das brasileiras expressaram terem sofrido preconceitos pela condição de serem mulheres (gênero).

Conforme pesquisa da Revista Gênero e Número, entre 2017 e 2020, de 16.278 processos relacionados a casos de assédio sexual que foram julgados em primeira instância na Justiça do Trabalho, apenas 224 terminaram como procedentes, ou seja, as vítimas que tiveram suas denúncias totalmente reconhecidas representaram apenas 1% dos casos.

Apesar de todas estas legislações pertinentes, o combate a esse crime é extremamente difícil, de modo geral, uma vez que as vítimas têm medo da exposição, do constrangimento perante a empresa, e, principalmente, de serem desacreditadas, julgadas, e expostas nas redes sociais.

No referente aos crimes de importunação sexual e estupro de vulnerável, os dados do Fórum Brasileiro de Segurança Pública registraram que no Brasil ocorreram 56.098 estupros de mulheres ao longo de 2021, número 3,7% maior em relação ao ano de 2020, o que equivale a um caso a cada dez minutos no país.

Importante mencionar que a maioria dos casos de estupro tem as crianças e os adolescentes como vítimas, ou seja, pessoas de até 14 anos de idade. O Fórum de Segurança Pública apurou mais de 100 mil casos.

Os episódios mais corriqueiros da conduta de importunação sexual são os sofridos por mulheres nos transportes públicos ou locais públicos. A tipificação desse crime conforme a lei brasileira acarreta uma pena de 1 (um) a 5 (cinco) anos, podendo ser agravada se o agressor tiver relação afetiva com a vítima. (Lei 13.718 e art. 215-A do Código Penal).

3.3 Como Identificar?

a) Pressupostos Necessários para a Configuração do Assédio Sexual:
- A existência do sujeito ativo do assédio (o assediador ou os assediadores);

- A existência do sujeito passivo (a assediada, ou seja, a vítima);
- Hierarquia entre as partes;
- A conduta do agente tem que almejar vantagem sexual, sob ameaça de prejudicar o trabalho da vítima, caso ela não atenda à vontade do agressor;
- Falta de consentimento da vítima.

b) Assédio Sexual Pode Ocorrer de 2 (duas) Formas:

- Por chantagem: quando a aceitação ou a rejeição de uma investida sexual é a principal motivação para que o agressor beneficie ou prejudique a vítima na situação de trabalho;
- Por intimidação: abrange todas as condutas que resultem em um ambiente de trabalho hostil, intimidativo ou humilhante para a vítima. Essas condutas podem ser direcionadas a uma pessoa ou a um grupo de pessoas em particular, e também pode ser representada com a exibição de material pornográfico no local de trabalho.

Importante frisar que, para a configuração do crime de assédio sexual no ambiente de trabalho, via de regra, exige-se a hierarquia entre o assediador e a vítima. Porém, já há algumas decisões que entendem que, mesmo não havendo hierarquia entre o assediador e a vítima, configura-se o crime de assédio sexual no trabalho.

Não obstante, ainda que não seja configurado assédio sexual no trabalho, poderá a conduta ser a do crime de importunação sexual, previsto no artigo 218-A do Código Penal. Infelizmente, o assédio sexual está diretamente ligado à discriminação de gênero, uma vez que a maior porcentagem das vítimas são mulheres.

c) Exemplos de Condutas Típicas que Podem Caracterizar o Assédio Sexual:

- Receber propostas constrangedoras que violem a sua liberdade sexual, como contato íntimo no ambiente de trabalho;
- A vítima é chantageada a ceder à vontade do assediador, em troca de benefícios profissionais, como uma promoção, ou para evitar prejuízos, como persegui-

ção, demissão, ou exposição de sua intimidade;
- Intimidação ou humilhação da vítima por não ceder às investidas;
- Abordagem de cunho sexual de superior hierárquico ou alguém com ascendência em troca de manutenção no emprego, promoção, aumento salarial ou outros benefícios, com promessa de vantagem ou ameaça de algum mal, caso a pessoa não ceda aos favores sexuais;
- Provocações sexuais inoportunas no ambiente de trabalho, com o efeito de prejudicar a atuação de uma pessoa ou de criar uma situação ofensiva, de intimidação ou humilhação;
- Mostrar ou compartilhar imagens ou desenhos explicitamente sexuais, com a intenção de causar constrangimento;
- Cartas, notas, e-mails, chamadas telefônicas ou mensagens de natureza sexual com a intenção de causar constrangimento;
- Avaliar mulheres pelas suas características físicas;
- Comentários sexuais sobre a forma de vestir ou de parecer; emitir sons ou fazer gestos inapropriados de natureza sexual, com a intenção de causar constrangimento;
- Ameaças e intimidações diretas ou indiretas com objetivo de ter relações sexuais;
- Convidar alguém insistentemente para ter relacionamento íntimo de afeto, mesmo após a negativa da pessoa convidada;
- Convidar alguém insistentemente para ter relação sexual;
- Olhar de forma ofensiva/lasciva, com a intenção de causar constrangimento;
- Fazer questionamentos e comentários inapropriados sobre a vida sexual;
- Cumprimentar ou conversar tocando, abraçando, beijando, cutucando ou encostando no corpo do interlocutor de forma excessiva e com conotação sexual;
- Stalking - Seguir e/ou controlar alguém de forma reiterada, seja presencialmente ou virtualmente (aplicativos, mensagens, telefonemas, e-mails, redes sociais, etc);

- Tocar alguém para outros verem, como forma de demonstrar intimidade e com a intenção de causar constrangimento.

Em resumo, o que configura o assédio: qualquer conduta de cunho sexual contra a vontade da vítima, no ambiente de trabalho. LEMBRE-SE: A palavra-chave para identificar a existência ou não do assédio é: CONSENTIMENTO!

d) Qual a Diferença de Assédio Sexual e Paquera?

As cantadas ou os assédios físicos e verbais não são uma forma de conhecer pessoas para um relacionamento íntimo. Uma paquera acontece com consentimento mútuo, em que as duas partes correspondem à iniciativa de forma livre e consciente, com o objeto de criar conexão e intimidade com alguém. Por outro lado, o assédio nunca leva a uma intimidade maior, o assediador que acaricia a colaboradora ou faz chantagem com motivação sexual não quer ouvir a opinião da outra parte.

Ele quer apenas se impor sobre ela com o fim de obter a satisfação sexual de si próprio, bem como para demonstração de poder e afirmação da própria masculinidade.

Elogios sem conteúdo sexual, cantadas, paqueras ou flertes consentidos não constituem assédio sexual.

A melhor forma de diferenciar assédio e paquera é com a seguinte premissa: paquera não causa medo e nem angústia. O mais importante é buscar o consentimento e aceitar o "não" como resposta.

O que é consentimento?

O consentimento é um acordo entre as pessoas para se relacionarem da forma que quiserem e com respeito à vontade de ambas as partes. As pessoas envolvidas têm o direito de escolher o que fazer, com quem e como. Para expressar o consentimento é importante comunicação das expectativas e limites.

MERCADO DE TRABALHO

O consentimento deve ser:

Expresso - forma direta e verbal com frases afirmativas, como: "sim", "eu quero".

- Mútuo – ambas as partes concordam;
- Livre e Voluntário - sem pressão externa, chantagem, expectativa ou culpa, sem medo de qualquer tipo de represália. Quando há o entendimento claro da situação e não há estado de incapacidade causado por álcool, drogas ou remédios, e quando não há situação com abuso de poder ou influência.

O SILÊNCIO NÃO É CONSENTIMENTO.

ATENÇÃO!

- O consentimento é dado com entusiasmo;
- O consentimento pode ser retirado a qualquer momento;
- A melhor forma de saber sobre o consentimento de uma pessoa é perguntá-la;
- SIM É SIM. NÃO É NÃO.

IMPORTANTE:

Muitas pessoas ficam na dúvida sobre se determinadas situações caracterizam ou não assédio sexual. A resposta é SIM!

O assédio sexual pode ocorrer mesmo fora do ambiente da empresa, desde que tenha alguma conexão com o trabalho, como se fosse uma extensão do ambiente da empresa.

- Sofrer assédio no momento em que está de carona com um colega de trabalho;

- Contatos constrangedores e insistentes em redes sociais;

- Happy hours da companhia, festas de finais de ano, congressos, confraternizações, entre outros eventos da mesma natureza.

Interessante: Em junho de 2022, o Governo da Espanha aprovou a lei da Garantia Integral da Liberdade Sexual, conhecida como "Apenas o sim é sim".

Segundo a lei, o consentimento tem que ser positivo, ou seja, silêncio, passividade ou não demonstrar oposição não são formas de consentimento. Só se entenderá que há consentimento quando este tiver sido livremente expresso.

Agora, qualquer ato sexual que não tenha consentimento explícito será considerado crime e será punido.

3.4 De olho na Lei

Legislação Trabalhista

Embora o processo criminal decorrente do assédio sexual seja de competência da Justiça Criminal Comum, a conduta também terá reflexos no âmbito do Direito do Trabalho.

Com efeito, a empresa pode ser responsabilizada caso, sabendo do crime, nada faça para evitá-lo. Nesse sentido, é vital punir o agressor e acolher a vítima. Tal conduta se enquadra, por exemplo, nas hipóteses de não cumprimento das obrigações contratuais (artigo 483, alínea "e", da Consolidação das Leis do Trabalho - CLT) ou de prática de ato lesivo contra a honra e boa fama (artigo 482, alínea "b").

Art. 483 - O empregado (neste caso, a colaboradora assediada, grifos nossos) poderá considerar rescindido o contrato e pleitear a devida indenização quando:

(...)

b) for tratado pelo empregador ou por seus superiores hierárquicos com rigor excessivo;

(....)

e) praticar o empregador ou seus prepostos, contra ele ou pessoas de sua família, ato lesivo da honra e boa fama;

MERCADO DE TRABALHO

Nessa situação, a vítima pode obter a rescisão indireta do contrato de trabalho, no caso de omissão da empresa que trabalha, motivada por falta grave do empregador, e terá o direito de extinguir o vínculo trabalhista e de receber todas as parcelas devidas na dispensa imotivada (aviso prévio, férias e 13º salário proporcional, FGTS com multa de 40%, etc).

Configurado o assédio sexual, a vítima tem direito também à indenização para reparação do dano.

A vítima poderá ajuizar a ação de reparação pelos danos sofridos em decorrência do assédio sexual, diretamente contra a empresa, pela relação de trabalho existente, podendo o empregador ajuizar ação regressiva (ressarcimento) contra o agressor/assediador.

Interessante: O Plenário do Conselho Nacional de Justiça (CNJ) aprovou a nota técnica produzida pelo Comitê de Prevenção e Enfrentamento do Assédio Moral e do Assédio Sexual e da Discriminação no Poder Judiciário corroborando o Projeto de Lei 287/2018 do Senado Federal, que pretende alterar o Código Penal para afastar a necessidade de relação hierárquica para configurar o tipo penal de assédio sexual.

Com a aprovação do projeto de lei: "a configuração do crime de assédio sexual não mais dependeria da condição de superioridade hierárquica do ofensor em relação à vítima, bastando, portanto, que haja o constrangimento com o fim de obtenção de vantagem ou favorecimento sexual".

Os especialistas do CNJ ressaltam: "A nota técnica ressalta a importância do projeto de lei, pois equilibra o entendimento de que o assédio sexual é um problema que transcende os lindes do ambiente profissional e corporativo e não se restringe às hipóteses em que existe uma relação de superioridade hierárquica do agressor em face da vítima."

3.5 Quais são as Causas do Assédio Sexual?

As principais causas da conduta do assédio sexual no âmbito do trabalho estão conectadas a aspectos da cultura e do contexto histórico de submissão da mulher. Como exemplo, pode-se citar:

- Abuso do poder de direção e hierarquia;
- Cultura do Estupro, machismo, misoginia e discriminação contra a mulher;
- Cultura organizacional pautada na falta de presença de mulheres em cargos de liderança;
- Divisão Sexual do Trabalho;
- Falta de investimento na gestão de pessoas e nas áreas de Recursos Humanos;
- Falta de regras claras e rígidas na prevenção e combate ao assédio sexual;
- Omissão perante situações de assédio sexual, sensação de impunidade e falta de acolhimento das vítimas;
- Fragilidade da Legislação existente;
- Dificuldade probatória: "Quem vai acreditar na palavra da vítima?".

4. Quais os Impactos e Consequências do Assédio Moral e do Assédio Sexual para as Vítimas?

O assédio moral e o assédio sexual acarretam problemas de saúde diversos como: danos psicológicos, psíquicos, físicos e sociais, além de impactarem negativamente o desenvolvimento profissional e a vida pessoal da colaboradora. Ademais, podem prejudicar fortemente o ambiente de trabalho nas empresas.

i. Sintomas apresentados:

- Dores generalizadas;
- Palpitações;
- Distúrbios digestivos;
- Dores de cabeça;
- Hipertensão arterial (pressão alta);

- Alteração do sono;
- Distúrbios alimentares;
- Irritabilidade;
- Crises de choro;
- Abandono de relações pessoais e atividades rotineiras;
- Problemas familiares;
- Isolamento;
- Depressão;
- Síndrome do pânico;
- Perda da autoestima;
- Dificuldade de se relacionar afetiva e intimamente;
- Estresse;
- Esgotamento físico e emocional;
- Perda do significado do trabalho;
- Pensamentos suicidas;
- Automutilação;
- Maior probabilidade de dependência de álcool, drogas e remédios controlados;
- Suicídio.

4.1 Quais as Consequências Negativas para as Empresas?

- Redução da produtividade;
- Diminuição da possibilidade de trabalho em equipe;
- Perda de talentos e clientes;

- Desânimo coletivo das colaboradoras;
- Rotatividade de pessoal;
- Aumento de erros e acidentes;
- Faltas;
- Licenças médicas recorrentes;
- Exposição negativa da marca da empresa e diminuição da credibilidade;
- Inobservância do conceito ESG e perda de valor de mercado;
- Dano moral coletivo;
- Prejuízos com indenizações trabalhistas e danos morais;
- Multas e Processos administrativos e judiciais;
- Falta de responsabilidade social e de preocupação com o lucro ético.

4.2 Consequências para o Estado e a Sociedade:

- Custos com tratamentos médicos;
- Despesas com benefícios sociais e licenças remuneradas;
- Custos com movimentação do Sistema de Justiça, Segurança Pública, Assistência Social;
- Aumento do desemprego;
- Desestabilização da economia;
- Falta de credibilidade da sociedade com a iniciativa privada, afetando o mercado de trabalho, o consumo de bens e serviços e a arrecadação de imposto;
- Diminuição de investimentos, afetando o mercado financeiro;

- Dano moral coletivo;
- Dano social;
- Aumento dos índices de violência contra a mulher;
- Desincentivo à participação das mulheres nos espaços de poder e cargos de liderança;
- Sensação de impunidade;
- Insegurança jurídica;
- Desigualdade social.

IMPORTANTE:

Tanto o assédio moral quanto o assédio sexual no trabalho causam danos à saúde física, psíquica e social da vítima, por isso, podem configurar o crime de violência psicológica.

A Lei 14.188/21 tipificou a violência psicológica contra a mulher, que também pode ser caracterizada no ambiente de trabalho. A pena prevista é de 6 (seis) meses a 2 (dois) anos de detenção. A legislação prevê a tipificação "dano emocional à mulher que (...) vise a degradar ou a controlar suas ações, comportamentos, crenças e decisões, mediante ameaça, constrangimento, humilhação, manipulação, isolamento, chantagem, ridicularização", desde que haja comprovação do dano.

Caso haja a comprovação do nexo causal entre as condutas praticadas pelo assediador e as consequências à saúde da vítima, seja por laudo médico, psicológico, depoimento da vítima e testemunhas, entre outras provas, o autor dos fatos (assediador) também poderá ser processado por violência psicológica, conforme artigo 147-B, do Código Penal.

a) Assédio Virtual ou *Cyberbullying* no Trabalho

As condutas de assédio moral e sexual podem ser cometidas por aplicativos e redes sociais.

Perseguição pelas redes sociais, humilhação, desqualificação, ofensas, xingamentos, exposição da intimidade como fotos, prints de conversas, vídeos, criação de perfis falsos, divulgação de "*fake news*" e ameaças são exemplos de condutas que configuram assédio virtual ou *cyberbullying* no trabalho.

O assédio virtual contra a mulher tem as mesmas causas e consequências que o assédio moral e sexual e seguem os mesmos protocolos de denúncia e providências.

O assédio virtual ocorre principalmente por intermédio das redes sociais e afeta predominantemente as mulheres.

Uma pesquisa realizada pela ONG Plan International, com mais de 500 brasileiras, apurou que 77% das mulheres declararam terem sido assediadas em um ambiente virtual. Este dado é muito superior à média global, que é de 58%. Além disso, quando falamos de importunação pelos meios digitais, a pesquisa quantificou que, em 2020, 8 em cada 10 jovens brasileiras já sofreram o chamado "assédio on-line".

Nesse sentido, o informe de transparência do Linkedin identificou que, entre julho e dezembro de 2020, a rede removeu do site mais de 157 mil postagens, em âmbito mundial, por conterem questões de "assédio ou abuso", o que abarca "palavras rudes" e referências sexuais.

Outros dados da PUC-SP (Pontifícia Universidade Católica de São Paulo) constataram que as mulheres sofrem mais assédio moral que os homens, sendo que 65% das mulheres foram expostas a atos de violência psicológica, enquanto 29% dos homens alegaram terem sido expostos a estas condições.

Conforme relatório da Agência Patrícia Galvão, foram realizados 242 atendimentos por intimidação, discriminação e ofensa às mulheres, em 359 denúncias realizadas. As mulheres também foram vítimas em 204 dos 289 atendimentos por sexting e exposição íntima. Dos 116 atendimentos por conteúdos de ódio e conteúdos violentos, 72 deles tinham como vítimas mulheres.

b) **Pornografia de Vingança ou *Revenge Porn***

- O que é revenge porn?

Ocorre quando são divulgadas em redes sociais fotos ou vídeos íntimos da vítima sem o seu consentimento, como forma de vingança, pelo fato de a vítima romper o relacionamento, comportar-se de forma a desagradar o agressor ou negar a se relacionar com ele.

4.3 De Olho na Lei

Diante de inúmeros casos, houve a promulgação da Lei 13.718/2018, que tipificou a divulgação e o compartilhamento de material derivado de estupro, sexo, pornografia ou qualquer outra situação que exponha a intimidade da vítima, sem o consentimento dos participantes, além de outras práticas, como podemos destacar no Artigo 218-C do Código Penal Brasileiro.

O dispositivo legal não criminaliza, diretamente, o envio e recepção de nudes, mas sim o compartilhamento não consentido do material, contendo cenas relacionadas a sexo, nudez ou pornografia. A lei tem como finalidade a proteção da liberdade e dignidade sexual da vítima.

5. Denunciar é Preciso

a) O que a Vítima Pode Fazer em Caso de Assédio Moral ou Assédio Sexual?

É essencial que a vítima junte todas as provas a respeito dos fatos, pois todas as circunstâncias são indispensáveis para a sua comprovação, por exemplo:

- Horários, datas, locais, descrição dos fatos;
- Testemunhas diretas (presenciais) e indiretas (que ouviram dizer);
- E-mails, mensagens, prints de conversas, gravações, histórico de ligações, imagens;
- Laudos médicos, laudos psicológicos, receitas e recomendações médicas, boletins de ocorrência, denúncias eventualmente realizadas em outros departamentos/órgãos/instituições, eventuais depoimentos de outras vítimas e provas

sobre o comportamento do assediador. Comunicar imediatamente a situação de assédio ao departamento especializado da empresa para o recebimento da denúncia, como: Ouvidoria, Recursos Humanos, Canal Especializado, etc;

- Comunicar imediatamente os fatos ao superior hierárquico do assediador;

- Comunicar imediatamente os fatos à entidade de classe ou sindicato responsável, para providenciar acompanhamento da investigação e apoio jurídico, psicológico e médico;

- Realizar boletim de ocorrência sobre os fatos ocorridos e, se necessário, requerer medidas protetivas de urgência, como impossibilidade de o assediador manter contato com a vítima por qualquer meio, aproximar-se da vítima ou frequentar os mesmos lugares que ela;

- Comunicar os fatos ao Ministério Público Estadual e Ministério Público do Trabalho, caso a empresa não faça o devido encaminhamento e/ou não tome as providências necessárias.

b) Denunciar é Necessário

1) Por Que Devemos Denunciar?

Denunciar é o caminho necessário para diminuição e combate do assédio, além de validar a situação sofrida pela vítima na esfera pública ou privada. As denúncias se transformam em estatísticas fidedignas sobre o crime no país, o que corrobora com o fomento de políticas públicas neste âmbito. Apesar das questões traumáticas perpassadas pela vítima, a sua denúncia também é forma de encorajamento para outras mulheres tomarem providências caso sejam vítimas de assédio. Ademais, a denúncia evita que o agressor cometa novos crimes contra outras vítimas.

Além disso, nenhum caso de violência contra a mulher deve ficar impune. As vítimas e a sociedade clamam por Justiça, comprometimento das empresas e exigem providências proporcionais à gravidade dos fatos e danos causados, com penas altas, tratamento processual penal rigoroso e indenização pelos prejuízos morais e materiais sofridos.

MERCADO DE TRABALHO

2) Onde Podemos Denunciar?

As vítimas podem denunciar no:

- "Ligue 180", uma central de denúncias que funciona 24h e que fornece orientações para mulheres assediadas;

- Delegacias Especializadas das Mulheres, presencialmente ou por meio de boletim de ocorrência on line;

- Casa da Mulher Brasileira;

- Área de recursos humanos ou na área competente por recebimento de denúncias na empresa;

- Superintendências Regionais do Trabalho, que possuam canais de denúncias que ajudam a vítima a identificar o tipo de assédio sofrido;

- Ouvidorias das Empresas ou canais de denúncias específicos;

- Sindicatos ou Associações de classe;

- Ministério Público do Trabalho, Ministério Público Estadual, Ministério Púbico Federal;

- Ouvidoria das Mulheres no Conselho Nacional do Ministério Público e do Conselho Nacional de Justiça;

- Projeto Justiceiras – canal de denúncias especializado em recebimento de casos de violência contra a mulher.

Importante:

Nesse processo, é muito importante buscar ajuda psicológica para superar os traumas sofridos e enfrentar a difícil fase da denúncia, pois muitas vezes a colaboradora não denuncia o assédio por medo de sofrer represália e se expor.

Além disso, é indispensável buscar apoio jurídico para que profissionais especializados acompanhem os fatos, os procedimentos internos e os encaminhamentos, a fim de manterem a vítima informada sobre providências tomadas e cautelas a serem observadas.

3) O que as Pessoas que Sabem ou Ouviram Dizer Sobre os Fatos Podem Fazer?

É salutar o apoio à vítima. O testemunho, caso haja, é importantíssimo para a comprovação dos fatos. Por isso, se colocar à disposição como testemunha, comunicar o setor responsável, o superior hierárquico do assediador e a entidade de classe são atos indispensáveis para a proteção da vítima, segurança jurídica e busca por Justiça.

Terceiras pessoas que têm conhecimento dos fatos podem e devem denunciá-los ao setor responsável, autoridades competentes e aos vários canais de denúncias existentes no Brasil, inclusive como dever de cidadania. As denúncias podem ser feitas anonimamente, desde que contenham o mínimo de informações necessárias para a apuração dos fatos.

6. Por Que as Vítimas Não Denunciam ou Demoram Para Fazer a Denúncia?

- Paralisação/Silenciamento logo após os fatos;
- Vergonha;
- Inversão de culpa;
- Falta de informação;
- Falta de apoio;
- Falta de acolhimento;
- Medo da falta de credibilidade da sua palavra;
- Fragilidade da prova;
- Falta de provas, medo de sua palavra ser desacreditada;
- Pessoa que comete o assédio é, via de regra, hierarquicamente superior ou protegida;
- Julgamento social sobre sua vestimenta, características físicas, comportamento e modo de se relacionar;
- Medo de exposição na empresa, nas redes sociais, grupos de amigos, familiares;

- Morosidade no processo;
- Medo de represália;
- Medo de perder o emprego;
- Perseguição no ambiente de trabalho;
- Perseguição pelo agressor ou a seu mando;
- Incerteza sobre impacto em futuros processos seletivos e contratações;
- Sensação de impunidade;
- Reação negativa da empresa;
- Medo de ser acusada de fazer falsa denúncia para obter alguma vantagem econômica, profissional ou pessoal;
- Medo da repercussão dos fatos perante a família.

7. O que as Organizações Podem Fazer Para Prevenir e Combater o Assédio Moral e o Assédio Sexual nas Empresas?

- Promover a participação ativa das colaboradoras nas tarefas, explicando claramente o trabalho a ser realizado e as metas a serem atingidas, oferecendo instrumentos para a realização dos objetivos e bom desempenho das funções;

- Oferecer informações periódicas sobre o que é o assédio moral e sexual, onde buscar ajuda, como promover o relacionamento saudável e respeitoso no âmbito de trabalho, livre de violência em todas as esferas;

- Analisar se as colaboradoras apresentam sintomas que podem indicar serem vítimas de assédio, como faltas ao trabalho e problemas de saúde constantes;

- Analisar se as colaboradoras apresentam comportamento que podem indicar serem vítimas de assédio, como isolamento, desânimo, baixa produtividade, apatia, falta de motivação, insatisfação, dificuldade de concentração;

- Inserir na cultura organizacional avaliações psicossociais periódicas;

- Incluir avaliações sobre clima organizacional nos processos de gestão de pessoas;

- Não se omitir perante casos concretos de assédio;

- Instituir um canal especializado para recebimento de denúncias, com protocolos específicos e encaminhamento dos casos às autoridades competentes, zelando pelo sigilo das informações, investigação rápida e efetiva e acesso ao andamento do procedimento pelas vítimas;

- Disponibilizar apoio jurídico, psicológico e orientação adequada às colaboradoras vítimas de assédio;

- Zelar pelo sigilo das informações, investigação rápida e efetiva, bem como pela devolutiva às vítimas;

- Manutenção do vínculo empregatício da vítima;

- Criação de um núcleo, órgão ou grupo de trabalho especializado em Direitos das Mulheres para o desenvolvimento, campanhas, ações, atividades, parcerias, advocacy e planejamento estratégico para a prevenção e combate ao assédio moral e sexual na empresa;

- Parcerias com o terceiro setor, instituições e órgãos públicos para o desenvolvimento de políticas públicas de prevenção e combate ao assédio moral e sexual na empresa.

8. Violência Doméstica

8.1 O Que é Violência Doméstica?

O art. 5º da Lei Maria da Penha prevê que violência doméstica e familiar contra a mulher é: "qualquer ação ou omissão baseada no gênero que lhe cause morte, lesão, sofrimento físico, sexual ou psicológico, dano moral ou patrimonial".

Quem pode ser a vítima?

Qualquer mulher, inclusive mulheres transsexuais.

MERCADO DE TRABALHO

Quem pode ser o agressor?

Qualquer pessoa, homem ou mulher.

Há a necessidade de coabitação?

Não, mesmo se a mulher não conviver na mesma casa que o agressor (a), ela pode ser vítima de violência doméstica.

Há a necessidade de um relacionamento estável?

Não, pode ser um relacionamento esporádico, extraconjugal e até mesmo encontros casuais.

Há necessidade de vínculo atual com o agressor, como namorada, companheira ou esposa?

Não. A vítima pode ser ex-namorada, ex-esposa e ex-companheira.

Somente relação íntima de afeto é reconhecida pela Lei Maria da Penha como violência doméstica?

Não, mulheres com relações de parentesco com o agressor (laços consanguíneos ou de afinidade), como irmãs, mães, filhas, enteadas também são consideradas vítimas de violência doméstica.

Mulheres que convivem permanentemente, com ou sem vínculo familiar, inclusive as esporadicamente agregadas, como sobrinhas, netas, vizinhas, empregadas domésticas, também são consideradas vítimas de violência doméstica.

8.2 Você Sabia?

a) Aplicação da Lei Maria da Penha no Ambiente de Trabalho:

Quando as ameaças e agressões proferidas decorrem da relação profissional com a vítima, é possível valer-se da Lei Maria da Penha, com base no seu artigo 3º:

> " Art. 3º. Serão asseguradas às mulheres as condições para o exercício efetivo dos direitos à vida, à segurança, à saúde, à alimentação, à educação, à cultura, à moradia, ao acesso à justiça, ao esporte, ao lazer, ao trabalho, à cidadania, à liberdade, à dignidade, ao respeito e à convivência familiar e comunitária.

A norma assegura às mulheres condições para o exercício do pleno desenvolvimento dos seus direitos, dentre eles, o direito ao trabalho de forma livre.

A Convenção Interamericana para Prevenir, Punir e Erradicar a Violência Contra a Mulher, do qual o Brasil faz parte, entende que toda mulher tem direito a uma vida livre de violência, tanto no âmbito público ou privado. Dessa forma, também estão incluídas na esfera de proteção pela Lei Maria da Penha as relações nas empresas e organizações privadas que violem direitos das funcionárias.

Destaca-se que tal aplicação tem maior relevância quando não é tomada nenhuma medida de proteção à vítima pela organização, sendo possível utilizar-se de mecanismos de proteção da Lei Maria da Penha, como: medida protetiva de afastamento do agressor do mesmo ambiente ou setor e procedimento judicial junto à vara de violência doméstica, estendendo-se à proteção da mulher que sofre qualquer tipo de violência nas empresas.

9. Quais as Principais Conquistas Para os Direitos das Mulheres Com o Advento da Lei Maria da Penha?

- Impossibilidade de acordo judicial com a vítima. Todos os casos devem ser investigados e encaminhados para as autoridades competentes, com objetivo de prevenir violências mais graves, tendo em vista o estado de vulnerabilidade e risco da vítima;

- Qualquer pessoa pode denunciar a violência doméstica aos órgãos competentes, inclusive anonimamente. Em briga de marido e mulher, se mete a colher;

- Possibilidade de requerer Medida Protetiva de Urgência para a segurança da vítima. Quais são as mais importantes: a) proibição de se aproximar da vítima; b) proibição de manter contato com a vítima diretamente, por terceira pessoa, ou por redes sociais, telefone, mensagens de aplicativos, entre outros; c) Proibição de frequentar os mesmos lugares que a vítima; d) suspensão da posse ou do porte de arma de fogo.

Importante: No caso de descumprimento de medida protetiva, poderá o agressor ser preso por desobediência à ordem judicial.

9.1 Evidência do Problema

No Brasil, de acordo com o Fórum de Segurança Pública 2021, apenas entre março de 2020 e dezembro de 2021, foram 2.451 feminicídios e 100.398 casos de estupro e estupro de vulnerável de vítimas do gênero feminino.

Os dados mensais de feminicídio no Brasil entre 2019 e 2021 indicam que houve um aumento dos casos entre os meses de fevereiro e maio de 2020, quando houve maior restrição nas medidas de isolamento social.

Em 2021, a tendência de casos seguiu muito próxima aquela verificada no ano anterior à pandemia, com média mensal de 110 feminicídios.

De acordo com a Ouvidoria de Direitos Humanos, em 2020, o Brasil teve mais de 105.821 denúncias de violência doméstica.

Segundo a Secretaria Nacional de Políticas de Promoção da Igualdade Racial do Ministério da Mulher, da Família e dos Direitos Humanos, em 2020, foram 1350 mortes por feminicídio, a maioria de mulheres negras. O mesmo estudo concluiu que a cada 8 minutos, uma mulher sofre violência, sendo que mais da metade são mulheres negras.

Os altíssimos índices de violência contra a mulher servem de alerta à sociedade de que essa conduta no Brasil continua sendo um dos principais obstáculos à segurança pública para mulheres e ao empoderamento feminino, demostrando a necessidade de desenvolvimento de políticas públicas capazes de preservar a dignidade, a vida, a segurança, a propriedade, a saúde e a integridade física, sexual e moral de meninas e mulheres brasileiras.

IMPORTANTE: A denúncia é sempre o melhor caminho e muitas vezes a vítima não sabe onde e como denunciar. Portanto, mais uma vez ressalta-se a importância dada pelas empresas para acolhimento da vítima. As denúncias sobre violência doméstica podem ser realizadas pela vítima-colaboradora nos mesmos canais existentes para a denúncia de assédio:

- "Ligue 180", uma central de denúncias que funciona 24h e que fornece orientações para mulheres assediadas;

- Delegacias Especializadas das Mulheres, presencialmente ou por meio de boletim de ocorrência on-line;

- Casa da Mulher Brasileira;

- Área de recursos humanos ou na área competente por recebimento de denúncias na empresa;

- Superintendências Regionais do Trabalho, que possuem canais de denúncias que ajudam a vítima a identificar o tipo de assédio sofrido;

- Ouvidorias das Empresas ou canais de denúncias específicos;

- Sindicatos ou Associações de classe;

- Ministério Público do Trabalho, Ministério Público Estadual, Ministério Púbico Federal;

- Ouvidoria das Mulheres no Conselho Nacional do Ministério Público e do Conselho Nacional de Justiça;

- Projeto Justiceiras – canal de denúncias especializado em recebimento de casos de violência contra a mulher.

10. A Violência Doméstica, o Mercado de Trabalho e as Empresas

O ambiente de trabalho é o segundo lar da mulher e um local onde ela deve encontrar segurança quando é vítima de violência doméstica. Infelizmente, na maioria das vezes, não há escuta ativa da vítima nos ambientes das companhias: não há acolhimento, orientação e não são realizados os encaminhamentos necessários. Tais provi-

MERCADO DE TRABALHO

dências, se tomadas, poderão evitar a prática de crimes mais graves e contribuir positivamente para a diminuição da violência contra a mulher e do feminicídio no Brasil.

Já ficou comprovado que mulheres que sofrem violência doméstica passam por uma verdadeira "rota crítica" para denunciar - Delegacias, Instituto Médico Legal, Centros de Referência da Mulher, Fóruns, etc. Tendo muitas vezes que faltar ao trabalho, por vergonha, problemas de saúde ou medo de serem mandadas embora, então, acabam não revelando à empresa os verdadeiros motivos de suas faltas, de seu isolamento e da diminuição de sua produtividade.

Como consequência, a funcionária abandona o emprego e pode acabar sendo demitida, passando a depender economicamente do companheiro e, por não ter meios de subsistência, desiste da denúncia, inserindo-se novamente no ciclo da violência e sujeitando-se a uma situação de risco ainda maior.

Ressalta-se que a Lei Maria da Penha impede essa demissão, tendo a vítima o prazo de seis meses de estabilidade, conforme o art. 9º, §2º, inciso II, da Lei Maria da Penha.

CAPÍTULO II
DA ASSISTÊNCIA À MULHER EM SITUAÇÃO DE VIOLÊNCIA DOMÉSTICA E FAMILIAR

Art. 9º A assistência à mulher em situação de violência doméstica e familiar será prestada de forma articulada e conforme os princípios e as diretrizes previstos na Lei Orgânica da Assistência Social, no Sistema Único de Saúde, no Sistema Único de Segurança Pública, entre outras normas e políticas públicas de proteção, e emergencialmente quando for o caso.

§ 1º O juiz determinará, por prazo certo, a inclusão da mulher em situação de violência doméstica e familiar no cadastro de programas assistenciais do governo federal, estadual e municipal.

§ 2º O juiz assegurará à mulher em situação de violência doméstica e familiar, para preservar sua integridade física e psicológica:

I - acesso prioritário à remoção quando servidora pública, integrante da administração direta ou indireta;

II - manutenção do vínculo trabalhista, quando necessário o afastamento do local de trabalho, por até seis meses.

Há também uma relevante decisão proferida nos autos do Recurso Especial 1757775, da 6ª. Turma do Superior Tribunal de Justiça, em 2/09/2019: a remuneração da funcionária afastada do local de trabalho por conta de violência doméstica será de responsabilidade do INSS, na modalidade de auxílio-doença, devendo o benefício ser requerido na Justiça Estadual, nas varas especializadas de violência doméstica ou, em sua falta, na vara criminal.

Segundo a pesquisa "Raio X do Feminicídio", realizada e coordenada pela Promotora de Justiça do Estado de São Paulo, Valéria Scarance, que analisou 364 denúncias de feminicídios oferecidas pelo Ministério Público entre março de 2016 e março de 2017, 8% dos crimes de feminicídios, ou seja, 30 assassinatos de mulheres, ocorreram em locais normalmente frequentados pela mulher, como seu caminho da casa para o trabalho, do trabalho para casa ou na porta do trabalho.

Em julho de 2017, a gerente da unidade de Campinas da empresa Magalu, de 37 anos, foi esfaqueada até a morte pelo marido, que se matou em seguida, deixando um filho de apenas 9 anos. A notícia foi recebida pela Presidente do Conselho do Grupo Magalu, Luiza Helena Trajano, com muita tristeza e indignação. "Eu sabia há muito tempo que uma mulher é morta no Brasil a cada 2 horas, mas confesso que achei que era uma questão muito distante de nós".

Foi a partir deste fato que Trajano decidiu mergulhar de cabeça na prevenção e combate à violência contra a mulher e adotar medidas internas como: canal de denúncia, campanhas informativas, apoio jurídico e psicológico às funcionárias vítimas, além de proporcionar vagas de emprego para mulheres em situação de violência doméstica e vulnerabilidade.

Salienta-se que a adoção de tais medidas gerou um aumento da credibilidade da empresa junto ao mercado de consumo feminino, trouxe benefício macroeconômico para o Brasil e mais retorno de valor aos acionistas.

Por isso, a urgência da adoção do Código de Compliance Feminino nas empresas, com o objetivo, além dos já citados, de acolher, apoiar e proteger as colaboradoras que sofrem violência doméstica, já que estão em situação de extremo risco e podem encontrar na empresa uma esperança para uma vida livre de violência.

11. Compliance Feminino

É papel das organizações e empresas o desenvolvimento de processos de compliance neste âmbito, o Compliance Feminino, que engloba as seguintes ações:

AÇÕES ESTRATÉGICAS DE COMPLIANCE FEMININO PARA PREVENÇÃO E COMBATE À VIOLÊNCIA CONTRA A MULHER E EMPODERAMENTO FEMININO:

11.1 Canal de Denúncias

- Desenvolvimento de um canal especializado da própria empresa (número de *whatsapp, site, QR code, instagram, e-mail* ou "botão" de emergência) para recebimento das denúncias;
- Formação e treinamento de uma equipe interna composta por psicólogas, assistentes sociais e advogadas, devidamente treinadas e capacitadas para orientações sobre acolhimento das vítimas e encaminhamentos necessários;
- Parceria com algum órgão/instituição pública ou privada que desenvolva os serviços de atendimento, acolhimento e encaminhamentos de denúncias sobre violência contra a mulher.

11.2 Encaminhamentos Possíveis

a) Assistência psicológica (equipe interna ou em parceria com projetos de acolhimento e assistência às mulheres em situação de violência);

b) Assistência jurídica (equipe interna ou em parceria com projetos de acolhimento e assistência às mulheres em situação de violência);

c) Assistência médica (equipe interna ou em parceria com projetos de acolhimento e assistência às mulheres em situação de violência);

d) Assistência social (equipe interna ou em parceria com projetos de acolhimento e assistência às mulheres em situação de violência);

e) Casa da Mulher Brasileira

f) Delegacia de Defesa da Mulher

g) Equipamento especializado no atendimento da mulher em situação de violência, como Centro de Atendimento da Mulher, Casa Abrigo;

h) Realização de Boletim de Ocorrência Online;

i) Defensoria Pública;

j) Ministério Público;

k) Departamento da empresa responsável pela apuração dos fatos na esfera administrativa.

11.3 Fluxo

Fluxo 1 e Fluxo 2.

MERCADO DE TRABALHO

FLUXO RECEBIMENTO DENÚNCIA

Acesso Botão ▶
Após acionar o botão a vítima preenche o formulário de denúncia.

Triagem ▶
O formulário entra no sistema do canal de denúncia da empresa com análise instantânea do caso pela equipe que entrará em contato com a vítima.

Contato com a Vítima ▶
Equipe especializada entrará em contato com a vítima para coletar informações sobre o caso concreto.

Registro Boletim de Ocorrência ▶

Acolhimento e Escuta Qualificada ▶
4 (quatro) áreas de atuação para escuta qualificada após a denúncia: psicologia, jurídica, rede de acolhimento, socioassistencial, acompanhamento, conexão com serviços e encaminhamentos necessários para a vítima.

Devolutiva ▶
Equipe especializada preenche devolutiva sobre os procedimentos adotados na denúncia para relatório quantitativo mensal (informações sobre denúncia, situação da vítima, registro de boletim de ocorrência e encaminhamentos efetuados).

CANAL DE DENÚNCIA EMPRESAS - FLUXO

Canal de denúncia ▶
Após acionar o botão a vítima preenche o formulário de denúncia.

Triagem ▶
O formulário entra no sistema do canal de denúncia da empresa com análise instantânea do caso pela equipe que entrará em contato com a vítima.

Encaminhamento ▶
Equipe especializada entrará em contato com a vítima para coletar informações sobre o caso concreto.

Fluxo 3 - Denúncia

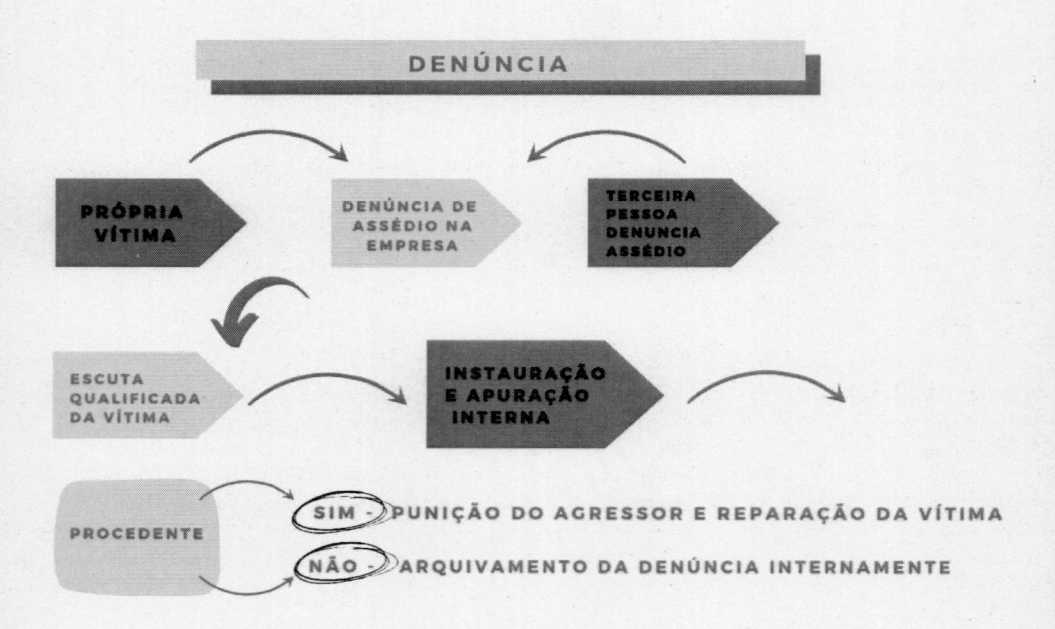

DENÚNCIA

- PRÓPRIA VÍTIMA
- DENÚNCIA DE ASSÉDIO NA EMPRESA
- TERCEIRA PESSOA DENUNCIA ASSÉDIO

- ESCUTA QUALIFICADA DA VÍTIMA
- INSTAURAÇÃO E APURAÇÃO INTERNA

PROCEDENTE
- SIM - PUNIÇÃO DO AGRESSOR E REPARAÇÃO DA VÍTIMA
- NÃO - ARQUIVAMENTO DA DENÚNCIA INTERNAMENTE

A partir de relatório elaborado com base na análise dos dados levantados pelo canal de denúncia (local dos fatos, horário, perfil da vítima, perfil do agressor, tipo de violência sofrida, circunstâncias e consequências dos fatos), a empresa poderá sugerir ações internas, campanhas informativas e políticas públicas aos órgãos públicos, autoridades competentes e sociedade civil, com propostas pertinentes e adequadas ao tema e atuação de forma preventiva e punitiva atinentes à segurança pública das mulheres na iniciativa privada.

12. Conjunto de Ações e Políticas Públicas

12.1 Orientação e Participação Multidisciplinar

Participação de equipe especializada com profissionais das áreas jurídica, psicológica e socioassistencial, especialistas no tema para auxiliar na implementação da política institucional de combate ao assédio sexual e moral nas empresas.

O objetivo é orientar e construir, juntamente com o comitê, protocolos internos específicos e auxiliar na formatação da política institucional de combate ao assédio sexual e de todas as formas de violência contra a mulher no ambiente corporativo.

Por meio da equipe multidisciplinar, com a expertise no tema, e trabalhos referenciados para conscientizar e sensibilizar de forma global, trazer soluções e meios de implementação na rotina diária e na política institucional da empresa.

13. ESG - O Que a Sigla ESG Quer Dizer Sobre uma Empresa?

ESG é a sigla em inglês para "environmental, social and governance" (ambiental, social e governança, em português), geralmente usada para medir as práticas ambientais, sociais e de governança de uma empresa.

E o que significa cada letra dessa sigla?

A sigla ESG une três fatores que mostram o quanto uma empresa está comprometida com uma gestão mais sustentável em termos ambientais, sociais e de governança. Cada letra tem um significado:

A letra "E" (environmental, em inglês, ou ambiental, em português) refere-se às práticas de uma empresa em relação à conservação do meio ambiente e sua atuação sobre temas como:

1. Aquecimento global e emissão de carbono;
2. Poluição do ar e da água;
3. Biodiversidade;
4. Desmatamento;
5. Eficiência energética;
6. Gestão de resíduos;
7. Escassez de água.

A letra "S" (social, em inglês e português) diz respeito à relação de uma empresa com as pessoas que fazem parte do seu universo, por exemplo:

1. Satisfação dos clientes;
2. Proteção de dados e privacidade;
3. Diversidade da equipe;
4. Engajamento dos funcionários;
5. Relacionamento com a comunidade;
6. Respeito aos direitos humanos e às leis trabalhistas.

A letra "G" (governance, em inglês, ou governança, em português) refere-se à administração de uma empresa, por exemplo:

1. Composição do Conselho;
2. Estrutura do comitê de auditoria;
3. Conduta corporativa;
4. Remuneração dos executivos;
5. Relação com entidades do governo e políticos;
6. Existência de um canal de denúncias.

A sigla ESG surgiu pela primeira vez em um relatório de 2005 intitulado "Who Cares Wins" ("Ganha quem se importa", em tradução livre), resultado de uma iniciativa liderada pela Organização das Nações Unidas, com o objetivo de demonstrar o quanto um negócio empreende esforços para minimizar seus impactos no meio ambiente, social e de gestão de negócios. O objetivo é construir um mundo mais justo e responsável para as pessoas em seu entorno, com o desenvolvimento de uma gestão de excelência, com lucro ético, valorização das pessoas e responsabilidade social.

Na época, 20 instituições financeiras de 9 países diferentes – incluindo o Brasil – se reuniram para desenvolver diretrizes e recomendações sobre como incluir questões ambientais, sociais e de governança na gestão de ativos, serviços de corretagem de títulos e pesquisas relacionadas ao tema. O relatório concluiu que a implementação desses fatores nas empresas geraria mercados mais sustentáveis e melhores resultados para a sociedade.

Engana-se quem pensa que é obrigatório escolher entre construir um mundo mais sustentável ou ter bons resultados financeiros em uma empresa. Pelo contrário: adotar as melhores práticas de governança voltadas à política social, cultura e ecológica é, na verdade, fator que impacta na valorização das empresas – lucro ético. Esse é o principal motivo que tornou o "ESG" um incentivo importante e perseguido por grande parte das companhias brasileiras e internacionais, na busca da responsabilidade social da empresa.

14. Responsabilidade Social nas Empresas e Defesa dos Direitos das Mulheres

14.1 O Que Significa Responsabilidade Social?

Consiste na ação na qual uma empresa colabora para o bem-estar da sociedade, viabilizando aspectos qualitativos para vida saudável e com propósito. Exemplos dessa contribuição social são ações voluntárias das empresas no âmbito interno e externo.

A empresa cria um panorama de conexão com vários nichos: cidadãos, consumidores, autoridades públicas e investidores.

No referente ao combate e prevenção da violência contra as mulheres, as empresas possuem um papel importante, tanto no quesito acolhimento quanto no amparo às vítimas dentro da corporação. É salutar que as empresas providenciem um canal aberto, como Ouvidorias, Recursos Humanos e etc, para que a mulher se sinta segura ao denunciar sobre a conduta sofrida.

Não podemos esquecer da relevância da sensibilização nas empresas por meio de campanhas de conscientização internas e externas sobre a violência contra as mulheres, pois elas são consumidoras, funcionárias e cidadãs de segunda categoria. Vale lembrar que as mulheres movimentam mais de R$ 1,9 trilhão por ano ou 41% de todo dinheiro que circulará pelas mãos dos brasileiros, conforme pesquisa do Instituto Locomotiva.

Responsabilidade Social Empresarial é, sobretudo, gestão ética e transparente, bem como associações diretas e indiretas da empresa, como, por exemplo, funcionários, fornecedores, clientes, comunidade, sociedade e meio ambiente, intenção e ação sobre menos impactos danosos para as pessoas e os espaços.

O propósito social foi analisado em pesquisa de 2018, denominada "Panorama do Consumo Consciente no Brasil", confeccionada pelo Instituto Akatu demonstrando que as (os) consumidoras (os) apreciam empresas que oferecem cuidados às pessoas, abarcando os funcionários, os deficientes físicos e a comunidade. Fonte: https://akatu.org.br/

Nessa mesma pesquisa, cinco ações dos consumidores ficaram em evidência:

1. Atuar no combate ao trabalho infantil;
2. Tratar funcionários da mesma forma, independentemente de raça, religião, sexo, identidade de gênero ou orientação sexual;
3. Investir em programas de contratação de pessoas com deficiência;
4. Contribuir para o bem-estar da comunidade onde está localizada;
5. Oferecer boas condições de trabalho.

Por isso, é vital o comprometimento e atitude das empresas para com todos os atores do nicho empresarial. Corporações empenhadas na melhora da condição humana promovem bem-estar social dentro e fora do ambiente de trabalho.

15. Código Compliance Feminino

Diante de todo o exposto, é urgente a adoção do Código de Compliance Feminino nas empresas, com o objetivo de desenvolver a responsabilidade social, implementar o lucro ético, promover o empoderamento feminino, prevenir e combater o assédio moral, sexual e todas as formas de violência de gênero, além de acolher, apoiar e proteger as colaboradoras em situação de risco, que podem encontrar na empresa uma esperança para uma vida livre de violência.

MERCADO DE TRABALHO

É papel das organizações e empresas o desenvolvimento de processos de compliance neste âmbito, o Compliance Feminino, que engloba as seguintes ações:

- art. 1º) A criação de canais internos para o recebimento de denúncias sobre assédio moral, assédio sexual e qualquer forma de violência contra a mulher;

- art. 2º) O treinamento e monitoramento de equipes especializadas para recebimento das denúncias e acolhimento das vítimas;

- art. 3º) O apoio multidisciplinar às colaboradoras que sofreram algum tipo de violência, internamente ou em parceria com órgãos/instituições especializadas;

- art. 4º) Providenciar os encaminhamentos necessários para as providências jurídicas e administrativas cabíveis, seja para equipe interna especializada ou para equipe externa, mediante parcerias órgãos/instituições especializadas;

-ar. 5º) Zelar pelo sigilo das informações, punição dos agressores e proteção às vítimas;

- art. 6º) Fomentar investimentos em políticas públicas efetivas na defesa dos direitos das mulheres:

Inciso I- criação de comitês/núcleos internos;

Inciso II - campanhas informativas;

Inciso III- implementar projetos desenvolvidos pelo 3º Setor;

Inciso IV- parcerias público-privadas;

Inciso V- realização de congressos, eventos, premiações;

Inciso VI - articulação para aprovação de projetos de lei com foco em políticas públicas efetivas para as mulheres, "advocacy".

Artigo 7º) Incentivar outras empresas a adotar posturas semelhantes de responsabilidade social e compliance feminino, sugerindo e impulsionando a formação de coalizações e grupos empresariais de prevenção e combate à violência contra a mulher e empoderamento feminino.

Artigo 8º). Incentivar e promover a participação do público masculino nas discussões, debates e desenvolvimentos de projetos e políticas públicas sobre o tema prevenção e combate à violência contra a mulher e empoderamento feminino.

Artigo 9º) Incentivar e adotar medidas que promovam a presença de mulheres nos cargos de poder e liderança da empresa, a fim de colaborar para a equidade de gênero e empoderamento feminino.

Artigo 10º) Disponibilizar, como prioridade, vagas de trabalho para a empregabilidade de mulheres em situação de violência e vulnerabilidade econômica.

16. Selo Justiça de Saia

De acordo com os artigos 5º e 6º da Constituição Federal de 1988, toda mulher tem "direito à vida, à liberdade, à igualdade, à segurança, à propriedade, à educação, à saúde, à alimentação, ao trabalho, à moradia, ao transporte, ao lazer, à segurança, à previdência social, à proteção à maternidade e à infância, à assistência aos desamparados, na forma desta Constituição".

Lamentavelmente, no Brasil, uma mulher sofre violência a cada 15 segundos e é assassinada a cada 1 hora e meia, colocando o Brasil no vergonhoso lugar de 5º país do mundo com maior índice de feminicídios e mais violento para as mulheres viverem.

Diante desta realidade, o Instituto Justiça de Saia desenvolve vários projetos que atuam em prol da efetividade dos direitos das mulheres, como o Projeto Justiceiras, que oferece atendimento multidisciplinar e já atendeu, até maio de 2022, 10.300 (dez mil e trezentas) mulheres. Nossa causa destina-se à defesa e proteção de todas as mulheres, com a prevenção e combate a todos os tipos de violência de gênero: física, emocional, patrimonial, sexual, moral, institucional e política.

Nosso objetivo é que as mulheres tenham uma vida livre de qualquer tipo de violência e, por isso, lançamos a iniciativa do "Selo Justiça de Saia", a fim de reforçar a necessidade de incentivo à promoção e defesa dos direitos das mulheres no âmbito público e privado, para que todas as mulheres, sejam colaboradoras da empresa ou consumidoras de bens e serviços, sintam-se seguras em seu ambiente de trabalho e respeitadas como cidadãs. Já a corporação que recebe o selo "Justiça de Saia" demonstra responsabilidade social, lucro ético e adequação à sigla ESG.

Neste contexto, lançamos o "SELO JUSTIÇA DE SAIA", que será destinado a Órgãos e Instituições Públicas, Empresas Privadas, Associações, Institutos, Fundações, Instituições do Terceiro Setor em Geral, Partidos Políticos e outras Pessoas Jurídicas que valorizem os direitos das mulheres e contribuam para o fortalecimento e empoderamento feminino, impulsionem o empreendedorismo, o acesso ao mercado de trabalho, a profissionalização e capacitação de mulheres, a prevenção e o enfrentamento a todas as formas de violência contra a mulher.

Assim, as pessoas jurídicas interessadas em receber o reconhecimento público da sua atuação e desenvolvimento de ações sobre:

- Empoderamento Feminino,

- Promoção e Defesa dos Direitos das Mulheres, e

- Prevenção e Enfrentamento a toda forma de Violência contra a Mulher.

Poderão requerer o "SELO JUSTIÇA DE SAIA", mediante requerimento e preenchimento de requisitos específicos, que será analisado por um Conselho formado por 5 (cinco) especialistas sobre o tema.

As regras para a certificação do "SELO JUSTIÇA DE SAIA" serão divulgadas em edital próprio, periodicamente e com ampla divulgação, o que trará importante impacto social, uma vez que, para alcançarmos um país livre de todos os tipos de violência contra a mulher, é necessária a participação do Poder Público, da iniciativa privada e da sociedade civil, unidos numa verdadeira força-tarefa coletiva.

17. Anexos

Anexo 1: ESG na Prática

Uma iniciativa relevante é o Projeto Tem Saída, que reinseriu mais de 500 mulheres vítimas de violência no mercado de trabalho. Além de ter se transformado em lei municipal em várias cidades do estado de São Paulo, a Prefeitura de São Paulo também aderiu a ação integrada entre órgãos públicos e empresas visando independência financeira para quebrar ciclos abusivos.

Com efeito, sem independência financeira, as vítimas seguem no relacionamento, mesmo que estejam claros os sinais de que romper a relação com o agressor é a única e melhor saída. Contudo, para conseguir se livrar do "ciclo da violência", há necessidade de poder econômico e estabilidade financeira mínima.

Em um levantamento realizado na Promotoria de Justiça do Núcleo de Violência Doméstica de Taboão da Serra (SP), entre os anos de 2012 e 2016, constatou-se que praticamente 30% das mulheres que sofrem violência e não denunciam estão em situação de risco pelo fato de dependerem economicamente dos companheiros, sem perspectivas e oportunidades de trabalho, tampouco de resgate da autoestima e coragem para saírem de uma vida marcada pela violência física, psicológica, moral, sexual e patrimonial.

E não só isso: 18 dias por ano são as faltas atribuídas às mulheres vítimas de violência, o que gera um prejuízo anual de R$ 1 bilhão para a economia brasileira (dados da Universidade Federal do Ceará, 2017 – Relatório da Violência Doméstica e seu impacto no Mercado de Trabalho e na Produtividade das Mulheres).

O estudo conclui que essas mulheres sentem medo e vergonha em assumir, no trabalho, que sofrem violência e acabam não justificando as faltas, a baixa rentabilidade e falta de concentração, que afetam em 50% sua produtividade. Consequentemente, são demitidas ou pedem demissão, voltando para os braços de seus algozes.

Por isso, a importância de empresas engajadas com a promoção de vagas e capacitação para as vítimas que romperam o ciclo da violência e almejam recomeçar.

Anexo 2: ESG na Prática – Projeto Justiceiras – Canal de Denúncias

O Projeto "Justiceiras" visa suprir a necessidade de canais e sistemas alternativos para combater e prevenir a violência de gênero. Exatamente por isso, a promotora de Justiça Gabriela Manssur – "Instituto Justiça de Saia" -, a administradora e advogada Anne Wilians – "Instituto Nelson Wilians" – e o empresário João Santos – "Instituto Bem Querer Mulher" – uniram seus Institutos e desenvolveram o projeto "Justiceiras".

Para atender meninas e mulheres vítimas de violência doméstica, o projeto atualmente conta com mais de 10.000 mulheres voluntárias nas áreas do Direito, Psicologia e Assistência Social de todo o Brasil, que acolhem, apoiam e prestam orientação técnica à distância, por meio do atendimento remoto e gratuito. Até junho de 2022, mais de 10.500 mulheres vítimas de qualquer tipo de violência contaram com o atendimento interdisciplinar especializado para sair da situação de violência.

O projeto "Justiceiras" possibilita uma orientação para que mulheres em situação de violência realizem, quando desejarem, o boletim de ocorrência on-line ou presencial, ou façam o pedido de medidas protetivas. De outro modo, é uma rede de mulheres unidas para informar e, antes de mais nada, apoiar, fortalecer e encorajar as meninas e mulheres que estão em situação de violência doméstica.

Nesse sentido, o projeto reuniu essas mulheres que acreditam que existe vida após a violência e formaram um grande exército de voluntárias "Justiceiras": a primeira rede interdisciplinar on-line no Brasil.

Atualmente, o projeto Justiceiras tem o apoio de empresas parceiras e também faz os atendimentos dos canais de denúncias de empresas como: Magalu, Fleury Laboratórios, 99taxi, Instituto Butantan, Rappi, Lady Driver, Espaço Laser, Grupo Accor, Chama Tecnologia.

Anexo 3: Sugestão de Pesquisa "Perfil" das Colaboradoras da Empresa sobre Assédio Sexual, Assédio Moral e Violência Doméstica

Pesquisa Perfil

Bloco I – Carreira
1) Você é colaboradora?

2) Você está:

Na Ativa
Aposentada

3) Qual a sua idade?

20 a 30
31 a 40
41 a 50
51 a 60
61 a 70

CÓDIGO DE COMPLIANCE FEMININO

71 a 79
Acima de 80

Bloco II – Violência Doméstica

Você já foi vítima de violência doméstica?

Não se aplica
Sim
Não

De qual violência você foi vítima? Se necessário, selecione mais de uma opção.

Não se aplica
Física
Moral
Patrimonial
Sexual
Outra:

Quanto tempo dura/durou a situação?

Não se aplica
Menos de um dia
Dias
Semanas
Meses
Cerca de 1 a 2 anos
Mais de 2 anos

Você denunciou o ocorrido?
Não se aplica
Sim
Não

MERCADO DE TRABALHO

Você compartilhou o ocorrido com alguém? Se necessário, selecione mais de uma opção.

Não se aplica
Sim, com amigos
Sim, com parentes
Sim, com colegas de trabalho

Caso tenha denunciado ou compartilhado o ocorrido, algo foi feito ou você recebeu ajuda?

Não se aplica
Sim
Não compartilhei o ocorrido
Caso sinta-se à vontade, especifique sua resposta:

Se você é mãe, essa violência ocorreu na frente dos seus filhos?

Não se aplica
Sim
Não
Não tenho filhos

Você faz/fez algum acompanhamento médico, psicológico ou terapêutico em razão da violência sofrida?

Não se aplica
Sim
Não
Caso sinta-se à vontade, especifique sua resposta:

Quem foi o seu agressor? Se necessário, selecione mais de uma opção.

Não se aplica
Marido
Ex-marido
Companheiro
Ex-companheiro
Namorado
Ex-namorado
Pai
Mãe
Padrasto
Madrasta

O agressor possui alguma superioridade hierárquica ou influência sobre você?

Não se aplica
Sim
Não

Caso sinta-se à vontade, especifique sua resposta:

Qual é a sua relação atual com o agressor?

Não se aplica
Continuei no mesmo relacionamento
Retomei o mesmo relacionamento depois de algum tempo do ocorrido
Rompi definitivamente o relacionamento
Outro (especifique):

Houve concessão de medidas protetivas contra o agressor?

Não se aplica
Sim, e elas foram cumpridas

Sim, mas elas não foram cumpridas
Não

Quais as providências tomadas já que as medidas protetivas não foram cumpridas?

Não se aplica
Comuniquei os fatos às autoridades competentes e foram tomadas as providencias necessárias
Comuniquei os fatos às autoridades competentes e não foi tomada nenhuma providência
Não comuniquei os fatos para as autoridades competentes
Outro (especifique):

Você denunciou o ocorrido às autoridades competentes?

Não se aplica
Sim
Não

Onde você fez a denúncia? Se necessário, selecione mais de uma opção.

Não se aplica
Delegacia comum
Delegacia da mulher
Ministério Público
Casa da Mulher Brasileira
180
190
Defensoria Pública
Outro (especifique):

Qual a medida adotada após a denúncia? Se necessário, selecione mais de uma opção.

Não se aplica
Instauração de Inquérito Policial
Caso sinta-se à vontade, especifique sua resposta
Arquivamento de Inquérito Policial
Prisão
Encaminhamento do agressor para grupos reflexivos
Medida protetiva
Instauração de Representação ou Procedimento Disciplinar contra o agressor

Houve condenação contra o agressor?

Não se aplica
Sim, mas não me senti satisfeita com ela
Sim, e me senti satisfeita com ela
Não, pois o processo ainda está em curso
Não, ele foi absolvido
Não denunciei

Caso tenha acontecido alguma punição, em qual esfera isso aconteceu?

Não se aplica
Ele não foi punido
Administrativa
Cível
Trabalhista
Outro (especifique):

Caso você tenha denunciado a situação junto aos responsáveis/superiores/ autoridades, qual foi a reação?

Não se aplica
Não denunciei

MERCADO DE TRABALHO

Ignoraram o fato
Conversaram e advertiram o agressor, sem instauração de representação ou procedimento disciplinar
Outro (especifique):

Por qual motivo você não denunciou? Se necessário selecione mais de uma opção.

Não se aplica
Medo do Agressor
Medo de ser criticada
Medo da impunidade e a situação piorar
Medo de ser prejudicada
Vergonha de se expor em razão do cargo ou função
Esperança que o parceiro mude seu comportamento
Medo de ficar sozinha
Preocupação com os filhos e em manter a família
Falta de apoio
Por se sentir culpada pela violência sofrida
Dependência financeira
Dependência emocional
Pena do agressor
Não quero comentar
Para não me sair prejudicada
Outro (especifique):

Você acredita que a independência financeira ameniza a chance de ser vítima de violência doméstica?

Não se aplica
Sim
Não
Caso sinta-se à vontade, especifique sua resposta:

Você já se considerou ou se considera em situação de risco?

Não se aplica
Sim
Não
Caso sinta-se à vontade, especifique sua resposta:

Você considera que as empresas atuam para prevenir a violência doméstica?

Sim
Não

Bloco III – Assédio Sexual no Trabalho

Das situações abaixo, qual você considera assédio sexual e/ou comportamento de cunho sexual inadequado e/ou conduta irrelevante? Se necessário, selecione mais de uma opção por conduta:

( ) Abordagem de cunho sexual de superior hierárquico ou alguém com ascendência em troca de manutenção no emprego, promoção, aumento salarial ou outros benefícios, com promessa de vantagem ou ameaça de algum mal, caso a pessoa não ceda aos favores sexuais.

( ) Abordagem de cunho sexual entre colegas de mesmo grau hierárquico ou sem subordinação, com promessa de vantagem ou ameaça de algum mal, caso a pessoa não ceda aos favores sexuais.

( ) Contar piadas com caráter obsceno e sexual.

( ) Ameaças e intimidações diretas ou indiretas com objetivo de ter relações sexuais.

( ) Avaliar mulheres pelas suas características físicas.

( ) Cartas, notas, e-mails, chamadas telefônicas ou mensagens de natureza sexual com a intenção de causar constrangimento.

( ) Comentários sexuais sobre a forma de vestir ou de parecer; emitir sons ou fazer gestos inapropriados de natureza sexual, com a intenção de causar constrangimento.

( ) Convidar alguém insistentemente para ter relacionamento íntimo de afeto, mesmo após a negativa da pessoa convidada.

( ) Cumprimentar ou conversar tocando, abraçando, beijando, cutucando ou encostando no corpo do interlocutor de forma excessiva e com conotação sexual.

( ) Fazer questionamentos inapropriados sobre a vida sexual.

( ) Mostrar ou compartilhar imagens ou desenhos explicitamente sexuais, com a intenção de causar constrangimento.

( ) Olhar de forma ofensiva/lasciva, com a intenção de causar constrangimento.

( ) Provocações sexuais inoportunas no ambiente de trabalho, com o efeito de prejudicar a atuação de uma pessoa ou de criar uma situação ofensiva, de intimidação ou humilhação.

( ) Questões inapropriadas sobre a vida sexual.

( ) Stalking - Seguir e/ou controlar alguém de forma reiterada, seja presencialmente ou virtualmente (aplicativos, mensagens, telefonemas, e-mails, redes sociais etc.).

( ) Tocar alguém para outros verem, como forma de demonstrar intimidade e com a intenção de causar constrangimento.

( ) Assédio sexual - Comportamento de cunho sexual inadequado - Conduta irrelevante -Não se aplica.

Você já foi vítima, presenciou ou soube de alguma(s) da(s) conduta(s) abaixo? Se necessário, selecione mais de uma opção por conduta.

Não ( ) - Já fui vítima ( ) - Já soube ( ) - Já presenciei ( ) - Não se aplica ( )

( ) Abordagem de cunho sexual de superior hierárquico ou alguém com ascendência em troca de manutenção no emprego, promoção, aumento salarial ou outros benefícios, com promessa de vantagem ou ameaça de algum mal, caso a pessoa não ceda aos favores sexuais.

( ) Abordagem de cunho sexual entre colegas de mesmo grau hierárquico ou sem subordinação, com promessa de vantagem ou ameaça de algum mal, caso a pessoa não ceda aos favores sexuais.

( ) Contar piadas com caráter obsceno e sexual.

( ) Ameaças e intimidações diretas ou indiretas com objetivo de ter relações sexuais.

( ) Avaliar mulheres pelas suas características físicas.

( ) Cartas, notas, e-mails, chamadas telefônicas ou mensagens de natureza sexual com a intenção de causar constrangimento.

( ) Comentários sexuais sobre a forma de vestir ou de parecer; emitir sons ou fazer gestos inapropriados de natureza sexual, com a intenção de causar constrangimento.

( ) Convidar alguém insistentemente para ter relacionamento íntimo de afeto, mesmo após a negativa da pessoa convidada.

( ) Cumprimentar ou conversar tocando, abraçando, beijando, cutucando ou encostando no corpo do interlocutor de forma excessiva e com conotação sexual.

( ) Fazer questionamentos inapropriados sobre a vida sexual.

( ) Mostrar ou compartilhar imagens ou desenhos explicitamente sexuais, com a intenção de causar constrangimento.

( ) Olhar de forma ofensiva/lasciva, com a intenção de causar constrangimento.

( ) Provocações sexuais inoportunas no ambiente de trabalho, com o efeito de prejudicar a atuação de uma pessoa ou de criar uma situação ofensiva, de intimidação ou humilhação.

( ) Questões inapropriadas sobre a vida sexual.

( ) Stalking - Seguir e/ou controlar alguém de forma reiterada, seja presencialmente ou virtualmente (aplicativos, mensagens, telefonemas, e-mails, redes sociais etc.).

( ) Tocar alguém para outros verem, como forma de demonstrar intimidade e com a intenção de causar constrangimento.

Em suma, você já foi vítima de alguma(s) da(s) conduta(s) acima descritas na empresa?

Não se aplica
Sim
Não

Onde ocorreu? Se necessário, selecione mais de uma opção.

Não se aplica
Espaço público
Na rua
Meios de transporte
Trabalho
Outro (especifique):

Por quem foi praticado? Se necessário, selecione mais de uma opção.

Não se aplica
Superior hierárquico
Estagiário
Colega colaborador (a)
Outro (especifique):

A conduta da qual foi vítima perturbou e/ou prejudicou o seu trabalho?

Não se aplica
Sim
Não

Por favor, tente classificar o quanto isso perturbou e/ou prejudicou o seu trabalho considerando 1 pouco e 10 muito.

A conduta da qual foi vítima causou algum abalo emocional e/ou físico?

Não se aplica
Sim
Não

Você teve apoio para resolver ou enfrentar a situação?

Não se aplica
Sim
Não
Não precisei de apoio

Caso você tenha tido apoio, foi de quem? Se necessário, selecione mais de uma opção.

Não se aplica
Não precisei de apoio
Família
Colegas de trabalho
Amigos
Especialistas
Outro (especifique):

Quanto tempo dura/durou a situação?

Não se aplica
Menos de um dia
Dias
Semanas
Meses
Cerca de 1 a 2 anos
Mais de 2 anos

MERCADO DE TRABALHO

Você fez alguma denúncia?

Não se aplica
Sim
Não

Onde você denunciou? Se necessário, selecione mais de uma opção.

Não se aplica
Órgãos/autoridades competentes
Corregedoria
Ouvidoria
Delegacia
Canais denúncias

Caso você tenha denunciado a situação junto aos responsáveis/superiores/autoridades, qual foi a reação?

Não se aplica
Não denunciei
Ignoraram o fato
Conversaram e advertiram o agressor, sem instauração de representação ou procedimento disciplinar
Outro (especifique):

O agressor foi punido?

Não se aplica
Ele não foi punido
Na esfera Administrativa
Na esfera Cível
Na esfera Criminal
Na esfera Trabalhista
A Instituição não puniu ninguém, mas adaptou medidas de prevenção para casos

futuros
Não, e nenhuma outra medida preventiva foi tomada

Você se sentiu satisfeita com a punição que foi dada?

Não se aplica
Sim
Não
Não aconteceu nenhuma punição

Por que você não denunciou?

Não se aplica
Para não me indispor com os superiores hierárquicos
Receio de ser vítima de julgamento
Medo de retaliação e/ou represália
Medo
Vergonha
Sensação de impunidade
Outro (especifique):

Os(as) colegas que foram testemunhas do assédio sexual ou comportamento de cunho sexual inadequado, dispuseram-se a testemunhar?

Não se aplica
Sim
Não
Ninguém testemunhou

Por que eles(as) não testemunharam?

Não se aplica
Não se indispor com os superiores hierárquicos

Receio de serem vítimas de perseguição
Estarem ao lado do(a) agressor(a)
Não consideraram a conduta do agressor ilícita ou inadequada
Outro (especifique):

Você foi encaminhada, pela empresa, para algum apoio e acolhimento psicológico, jurídico, médico, assistencial, rede de acolhimento? Se sim, quais?

Não se aplica
Não fui encaminhada
Sim

Você sofreu algum prejuízo profissional?

Não se aplica
Sim
Não

Você considera que a sua empresa atua para prevenir o assédio sexual e/ou comportamento de cunho sexual inadequado no ambiente de trabalho?

Não se aplica
Sim
Não
Caso sinta-se à vontade, especifique sua resposta:

Bloco IV – Assédio Moral no Trabalho

Você já foi vítima, presenciou ou soube de alguma(s) da(s) conduta(s) abaixo? Se necessário, selecione mais de uma opção por conduta.

Não - Já fui vítima - Já soube - Já presenciei - Não se aplica

Você já se sentiu desqualificada, humilhada, isolada, ignorada e/ou ofendida moralmente durante o desenvolvimento de suas funções?

Você já teve seu trabalho intelectual e/ou sua opinião técnica desvalorizada ou não considerada no desenvolvimento de suas funções?

Você já foi interrompida em reuniões ou não conseguiu se manifestar?

Você já teve alguma ideia exposta ou projeto apropriado/copiado por um homem, como se fosse de iniciativa dele, sem te dar os créditos?

Logo após a sua fala, já aconteceu de um homem explicar coisas óbvias às pessoas sobre o que você acabou de falar, ou te deu explicações óbvias após a fala de alguém, como se você não fosse intelectualmente capaz de explicar ou compreender algo?

Na sua opinião, você foi vítima de algum dos comportamentos acima pelo fato de ser mulher?

Não se aplica
Sim
Não

Em suma, você já foi vítima de alguma(s) das condutas acima descritas?

Não se aplica
Sim
Não

MERCADO DE TRABALHO

Onde ocorreu?
Não se aplica
Espaço público
Na rua
Transporte
Trabalho
Outro (especifique):

Foi praticado por:

Não se aplica
Superior hierárquico
Colega de trabalho
Estagiário
Outro (especifique):

A conduta da qual foi vítima perturbou o seu trabalho?

Não se aplica
Sim
Não
Por favor, tente classificar o quanto isso perturbou e/ou prejudicou o seu trabalho considerando 1 pouco e 10 muito.

A conduta da qual foi vítima te causou algum abalo emocional e/ou físico?

Não se aplica
Sim
Não

Quanto tempo dura/durou a situação?

Não se aplica

Menos de um dia
Dias
Semanas
Meses
Cerca de 1 a 2 anos
Mais de 2 anos

Você teve apoio para resolver ou enfrentar a situação?

Não se aplica
Sim
Não
Não precisei de apoio

Caso você tenha tido apoio, foi de quem? Se necessário, selecione mais de uma opção.

Não se aplica
Não precisei de apoio
Família
Colegas do trabalho
Amigos(as)
Especialistas
Outro (especifique):

Você fez alguma denúncia?

Não se aplica
Sim
Não

Onde você denunciou? Se necessário, selecione mais de uma opção.

Não se aplica

Órgão/autoridades competentes
Corregedoria
Ouvidoria
Canais de denúncias
Delegacia
Outro (especifique):

Caso você tenha denunciado a situação junto aos responsáveis/superiores/autoridades qual foi a reação?

Não se aplica
Não denunciei
Ignoraram o fato
Houve autocomposição ou acordo entre as partes
Conversaram e advertiram o agressor, sem instauração de representação ou procedimento disciplinar

O agressor foi punido?

Não se aplica
Sim, na esfera administrativa
Sim na esfera cível
Sim, na esfera criminal
Sim, na esfera trabalhista
A empresa não puniu o agressor
Não, e nenhuma outra medida

Você se sentiu satisfeita com a punição que foi dada?

Não se aplica
Sim
Não
Não aconteceu nenhuma punição

Por que você não denunciou?

Não se aplica
Para não me indispor com
Receio de ser vítima de
Medo de retaliação e
Medo de perseguição
Vergonha
Sensação de impunidade
Outro (especifique):

Os (as) colegas que foram testemunhas do assédio moral ou comportamento moral inadequado dispuseram-se a testemunhar?

Não se aplica
Sim
Não
Ninguém testemunhou

Por que eles(as) não testemunharam?

Não se aplica
Não se indispor com o agressor
Receio de serem vítima
Estarem ao lado do (a) agressor
Outro (especifique):

Você foi encaminhada, pala empresa, para algum apoio e acolhimento psicológico, jurídico, médico, assistencial, rede de acolhimento? Se sim, quais?

Não se aplica
Não
Sim

MERCADO DE TRABALHO

Você sofreu algum prejuízo profissional? Se sim, quais?

Não se aplica
Não
Sim

Se você é mãe, já sofreu discriminação ou já se sentiu prejudicada na empresa em razão da maternidade?

Não se aplica
Não sou mãe
Sim, já sofri
Não, nunca sofre

Você considera que a sua empresa atua para prevenir o Assédio Moral?

Você já sofreu "bullying", perseguição ou preconceito por suas características ligadas à condição do gênero feminino?

Não se aplica
Sim
Não

Se necessário selecione mais de uma opção.

Não se aplica
Tipo de cabelo
Personalidade
Vestimenta
Ser divorciada
Ser casada
Ser viúva
Por ter filhos

Por não ter filhos
Orientação sexual
Religião
Ideologia política
Origem
Outro (especifique):

Você já sofreu algum preconceito, discriminação ou prejuízo por ter denunciado ao sistema de justiça alguma violência sofrida?

Não se aplica
Não
Não denunciei nenhuma
Sim (especifique):

Você já sofreu algum preconceito, discriminação ou prejuízo por ter sido parte de algum processo judicial (civil, trabalhista, criminal, administrativo, tributário)?

Não se aplica
Não
Nunca fui parte em um processo
Sim (especifique):

Você já foi vítima de violência institucional de gênero (sofreu algum obstáculo para acessar o sistema de justiça ou órgãos públicos de combate à violência contra a mulher)?

Não se aplica
Sim, apenas pelo fato
Sim, pelo fato de ser mulher
Não

MERCADO DE TRABALHO

Onde você sofre essa violência?

Não se aplica
Delegacia comum
Delegacia da Mulher
Casa da Mulher Brasileira
Disque 180
IML
IMESC
190
Órgão da defensoria
Hospital ou similar
Órgãos da rede de proteção
Canal de denúncia
Rede de apoio
Órgão do Ministério
Órgão do poder Judiciário
Autoridade pública
Servidor público
Outros profissionais

Você pediu ajuda?

Não se aplica
Sim
Sim, para amigos
Sim, para colegas
Sim, para a família
Pedi, mas não recebi ajuda
Não pedi ajuda

Você obteve ajuda?

Não se aplica
Sim
Não pedi
Não tive ajuda

Caso você tenha feito alguma denúncia, qual a providência adotada?

Não se aplica
Não fiz denúncia
Especifique:

Anexo 4: Parceria com a Ouvidoria das Mulheres do Conselho Nacional do Ministério Público - OUVIDORIA DO CNMP

A Ouvidoria das Mulheres recebe demandas relacionadas à violência contra a mulher por meio dos seguintes canais exclusivos de atendimento: o telefone/WhatsApp (61) 3315-9476, o e-mail ouvidoriadasmulheres@cnmp.mp.br.

Anexo 5: Glossário - Conceitos Históricos dos Direitos das Mulheres

Cultura do Estupro

1) O que é cultura do estupro?

É uma linguagem elaborada a partir dos anos 1970, pelo movimento feminista, que corresponde ao fato da naturalização de comportamentos violentos de conotação sexual, que culminam na culpabilização da vítima. É pertencente a esse escopo do assédio sexual, incluindo a importunação sexual, na rua, no transporte público e em outros espaços.

A cultura do estupro consiste em interpretar que o silêncio feminino é um consentimento. A mulher é vista como objeto ou, muitas vezes, o assediador fundamenta sua inocência por estar sob efeito de álcool, por exemplo.

De olho na Lei

Assédio Sexual está previsto no artigo 216-A do Código Penal, que caracteriza o crime como: "constranger alguém com o intuito de obter vantagem ou favorecimento sexual, prevalecendo-se o agente da sua condição de superior hierárquico ou ascendência inerentes ao exercício do emprego, cargo ou função. Pena: detenção de 1 (um) a 2 (dois) anos".

Discriminação Contra a Mulher

1) O que é discriminação contra a mulher?

Atitudes discriminatórias contra as mulheres são realizadas por meio de distinção, exclusão, preterir com intuito de inferiorizar a mulher e cercear as suas oportunidades, seja no trabalho ou na vida pessoal. No contexto profissional, a discriminação acontece quando ocorrem ações de preconceito e intolerância que desencadeiam sérios danos psíquicos às vítimas.

"A equidade de gênero é a iniciativa de uma reparação história que possui o escopo de eliminar toda e qualquer forma de discriminação contra a mulher, assim estabelecendo igualdade entre os homens e mulheres com fulcro no reconhecimento das necessidades e características próprias do gênero, principalmente com relação as desvantagens e vulnerabilidades enfrentadas pelas mulheres." (ALVES, José. Desafios da Equidade de Gênero no Século XXI. Florianópolis, Estudos Feministas 24 (2), p.629-638, 2016).

Evidência do problema

No contexto da América Latina, só iremos alcançar a paridade de gênero em 69 anos, de acordo com o Relatório Global de Lacunas de Gênero 2021 – Fórum Econômico Mundial. Em 81 países do mundo, nunca uma mulher esteve na posição de chefe de Estado. No Brasil, só tivemos uma Presidente, Dilma Rousseff. Atualmente, temos uma Governadora, Maria de Fátima Bezerra, no Rio Grande do Norte. Maria de Fátima Bezerra. Ademais, segundo o Fórum Econômico Mundial, 146 anos é o tempo estimado para chegarmos a uma paridade de gênero na política.

2. Discurso de Ódio

1) O que é discurso de ódio?

Consiste em uma forma de comunicação que incita o ódio e a discriminação perante um grupo de pessoas e, quase sempre, é empregado como justificativa de ações violentas, podendo chegar ao crime de homicídio.

Infelizmente, o discurso de ódio foi potencializado nas redes sociais, por meio de interlocutores que emitem opiniões raivosas e inconsequentes.

É imprescindível analisarmos que o discurso de ódio não atinge a liberdade de expressão, já que consiste em uma conduta que promove a violência e expõe os indivíduos ao risco, sobretudo as mulheres.

É uma situação que acarreta atitudes violentas, falas preconceituosas e desabonadoras para as pessoas. O discurso de ódio contra as mulheres não deve ser entendido como liberdade de expressão.

Divisão Sexual do Trabalho

1) O que é divisão sexual do trabalho?

A divisão social do trabalho – processo pelo qual as atividades de produção e reprodução social são diferenciadas, especializadas e desempenhadas por diferentes pessoas – pode ocorrer através da separação das atividades de produção de bens e serviços de acordo com o sexo das pessoas que as realizam - divisão sexual do trabalho. Interpretações biológicas buscaram legitimar a divisão sexual do trabalho, argumentando que a distinção entre trabalho masculino e feminino seria consequência de fatores inerentes à "natureza" dos homens e das mulheres. O homem, idealizado como provedor da família, foi designado para o trabalho da produção, e a mulher foi designada para o trabalho de reprodução, ocorrendo uma separação entre o público (masculino) e o privado (feminino). As delimitações de espaço laboral masculino e feminino, entretanto, não são fixas, pois sociedades e épocas diferenciadas podem ter concepções distintas[1].

A divisão sexual do trabalho se transformou e, atualmente, mulheres e homens deveriam ter obrigações domésticas e profissionais equânimes. As mulheres não podem ser as únicas responsáveis pelo lar ou serem preteridas por serem mães ou terem o anseio de ser mãe. As empresas e a sociedade em geral devem colaborar nessa ressignificação sociocultural.

Evidência do problema

O dia 6 de dezembro (Decreto de Lei nº 11.489/2007) celebra o Dia Nacional de Mobilização dos Homens pelo Fim da Violência contra as Mulheres. A data é simbólica ao episódio de violência de gênero ocorrido no Canadá: "Marc Lepine, de 25 anos, invadiu uma sala de aula da Escola Politécnica de Montreal (Canadá) e ordenou que todos os homens abandonassem o local, para que pudesse assassinar todas as mulheres daquela turma. Marc se suicidou após o crime, mas deixou uma carta em que explicou que a chacina decorrida do fato de que não admitia que mulheres frequentassem o curso de Engenharia, uma área tradicionalmente masculina."

Um crime bárbaro que corrobora a importância da conscientização dos homens pelo fim da violência contra as mulheres.

O que as organizações e a sociedade podem fazer?

Não apenas no âmbito do trabalho, mas da sociedade em si, devemos reestruturar nossas máximas de pensamentos que homens e mulheres têm profissões e obrigações predeterminadas. Cada indivíduo indivíduo se desenvolve conforme seu contexto sociocultural. Dessa forma, evoluímos juntos enquanto cidadãos e cidadãs com respeito e dignidade.

---

1   Mais em: https://www.pucsp.br/sites/default/files/img/eitt2003_nancistancki.pdf

"Uma perspectiva de gênero pode mostrar que rupturas e continuidades são construídas de formas diferenciadas nas empresas, pois se por um lado, setores feminizados de uma determinada empresa podem permanecer, em parte, taylorizados, setores masculinizados da mesma empresa podem sofrer mudanças no sentido de uma maior flexibilidade na organização do trabalho, exigindo novas competências como capacidade de trabalho em grupo, multifuncionalidade e polivalência, entre outras. Permite ainda perceber que constatações feitas a partir de amostras masculinas, ao serem generalizadas para o conjunto dos trabalhadores podem ocasionar conclusões equivocadas, pois repercussões da especialização flexível, dos novos modelos de organização e de desenvolvimento industrial e da reestruturação produtiva podem diferir quando se trata de trabalhadores homens e mulheres." (HIRATA, 2002, 1998, 1994).

Empoderamento Feminino

1) O que é empoderamento feminino?

As mulheres estão ocupando espaços de poder, espaços antes que se diziam só para os homens. Esse encorajamento feminino faz parte de anos de reestruturação social-cultural sobre o lugar da mulher.

É preponderante que haja uma educação crítica, embasada na igualdade de gêneros para viabilizar o empoderamento das mulheres ainda quando crianças, visando a evitar a vivência de situações de discriminação ou mesmo a prática da opressão.

A representatividade feminina é essencial e com mais mulheres nos espaços de poder, como na política, teremos um olhar de gênero apurado, políticas públicas mais adequadas às mulheres e menos corrupção.

Feminicídio

1) O que é feminicídio?

Feminicídio é a conduta de matar uma mulher pela condição de ser mulher, o que caracteriza crime hediondo na legislação penal brasileira.

Art. 121. Matar alguém:

Pena - reclusão, de seis a vinte anos.

(...)

Feminicídio (Incluído pela Lei nº 13.104, de 2015)

VI - contra a mulher por razões da condição de sexo feminino: (Incluído pela Lei nº 13.104, de 2015)

(...)

Pena - reclusão, de doze a trinta anos.

§ 2º-A Considera-se que há razões de condição de sexo feminino quando o crime envolve: (Incluído pela Lei nº 13.104, de 2015)

I - violência doméstica e familiar; (Incluído pela Lei nº 13.104, de 2015)

II - menosprezo ou discriminação à condição de mulher. (Incluído pela Lei nº 13.104, de 2015)

As motivações mais frequentes para este tipo de crime são o ódio, o desprezo ou o sentimento de perda do controle e da propriedade sobre as mulheres.

Evidência do problema:

Conforme pesquisa do Fórum de Segurança Pública, apenas entre março de 2020, mês que marca o início da pandemia de covid-19 no país, e dezembro de 2021, último mês com dados disponíveis, foram contabilizados 2.451 casos de feminicídios e 100.398 casos de estupro e estupro de vulnerável de vítimas do gênero feminino.

Feminismo

1) O que é feminismo?

O feminismo é uma filosofia que reconhece que homens e mulheres têm experiências diferentes e reivindica que pessoas diferentes sejam tratadas não como iguais, mas como equivalentes" (Fraisse, 1995; Jones, 1994; Louro, 1999; Scott, 1986). O feminismo nos arrebatou com a oportunidade de as mulheres irem além, se reinventarem e, a partir dessa sinergia, desmistificarem preconceitos externos e internos.

"O feminismo incorporou a ideia de que a identidade feminina não é uma simples decorrência da biologia, mas sim uma condição apreendida ao longo da vida na relação com o outro", segundo Simone de Beauvoir e Gayle Rubin.

Também é importante destacar que: "As intersecções do feminismo com os movimentos de luta de classes configuram diferentes movimentos feministas, entre eles: o radical (inclui-se aqui o movimento de mulheres negras), o liberal, o socialista, o marxista e o anarquista" (Chrisler & Smith, 2004; Toledo, 2003).

O feminismo é um movimento histórico, político e filosófico-epistemológico que surgiu na Revolução Francesa, no século XVIII, em "Reinvindicação dos Direitos das Mulheres", por Mary Wollstonecraft. Por intermédio desta primeira onda do feminismo - feminismo liberal – o escopo era a luta contra a discriminação das mulheres e a garantia de direitos, como, por exemplo, o direito ao voto, onde o movimento sufragista foi uma marca desta primeira fase.

A segunda onda do feminismo iniciou-se entre as décadas 1960 e 1970. Durante esse período foram introduzidas no movimento feminista as ideias de equidade e paridade na discussão igualdade-diferença dentro dos movimentos. As pautas se voltaram para especificar a experiência feminina, quase sempre desconsiderada/enfraquecida no ambiente da sociedade e totalmente apagada no ambiente familiar.

A terceira onda do feminismo iniciou-se na década de 1990 e está presente até os dias atuais. O feminismo contemporâneo se aprofundou e se focou em analisar as diferenças internas e externas do movimento: a alteridade, a diversidade e a produção discursiva da subjetividade. Os estudos sobre as relações de gênero foram aprimorados. O estímulo deste terceiro momento do feminismo é refletir sobre o panorama das sincronicidades impostas pelo igual e diferente, quais sejam, as subjetividades masculina e feminina.

Entendemos que quando ultrapassarmos a terceira onda do feminismo, vamos alcançar um feminismo mais estabelecido, sem tantos preconceitos do meio acadêmico, tampouco de visões mais conservadoras ou extremas da sociedade. A retórica essencial será a de harmonizar a liberdade política e pessoal da mulher, e, sobretudo, respeitá-la, sem julgamentos.

Como na terceira geração dos direitos fundamentais, a fraternidade irá se sobressair nas interseccionalidades do feminismo, de modo a maturar nossas vozes diante de uma fala genuinamente plural - o que consolidará um diálogo inclusivo e de equilíbrio.

Gênero

1) O que é gênero?

O gênero engloba um espectro de definições sobre como os indivíduos se identificam e expressam seu gênero. Ou seja, sexo é um atributo biológico, enquanto gênero refere-se a identidades socialmente construídas. O gênero influencia a maneira como os indivíduos se percebem, se comportam e se relacionam, além de estar relacionado à distribuição de recursos e poder na sociedade. (Heidari S, Babor TF, Castro P, Tort S, Curno M. Equidade de sexo e gênero na pesquisa: fundamentação das diretrizes SAGER e uso recomendado. Epidemiol Serv Saude. Ahead of print 2017).

Nesse diapasão, as iniquidades advindas da predominância patriarcal de gênero se impõem por várias ações, inclusive as diversas formas de violência, o que acarreta oportunidades desiguais no mercado de trabalho, quase sempre, com prejuízo às mulheres. (Saffioti HIB. Contribuições feministas para o estudo da violência de gênero. Cad Pagu. 2001;(16):115-36.).

Outra teoria relevante sobre gênero é a Teoria Queer, com base em Estudos Culturais norte-americanos, que ascendeu a partir da crítica de contraponto aos estudos sociológicos sobre minorias sexuais e à política identitária dos movimentos sociais. Ela foi fundamentada na aplicação criativa da filosofia pós-estruturalista para a compreensão da forma como a sexualidade estrutura a ordem social contemporânea. Há mais de uma década, debatem-se suas afinidades e tensões com relação às ciências sociais e, em particular, com a Sociologia. (Miskolci. Richard. 2009. A Teoria Queer e a Sociologia: o desafio de uma analítica da normalização).

É importante destacar que as crianças devem ser respeitadas em seus gostos, afinidades e sonhos, bem como devem ser encorajadas a percepções iguais, afora a classe, raça, cor, gênero e etc.

Interseccionalidade

1) O que é interseccionalidade?

O feminismo interseccional tem sido apontado como uma importante teoria na compreensão de como as opressões de gênero, classe e raça dentre outras, se relacionam entre si e interferem na vida de cada mulher, que acaba por experimentar a opressão de gênero a partir de um ponto de vista único. Além disso, a atuação de coletivos feministas tem se mostrado fundamental na vida das mulheres, pois esses são espaços de empoderamento e de luta em prol de uma sociedade menos opressiva e julgadora.

Os movimentos feministas atuais constituem uma dinâmica política contra a invisibilidade, sempre presente na vida das mulheres. Com isso, passa-se a entender que existem diferentes formas de opressão que recaem sobre elas e que trazem a necessidade de uma luta articulada para o combate das mesmas. Esse é o caso da pauta do racismo trazida pelas mulheres negras, da lesbofobia, das diferentes identidades de gênero, tal qual a transgeneridade das mulheres trans e a opressão classista que recai sobre as mulheres pobres.

Essas experiências não chegam de forma isolada e por isso não podem ser olhadas de maneira desconexa, o que demanda o entendimento da necessidade de uma vertente teórica e metodológica e de uma prática feminista que dialogue e combata todo tipo de opressão sofrida pela mulher, que se unifica no gênero, mas não permanece apenas nele.

Esses marcadores, tal qual o racismo, sexismo, xenofobia, sexualidade, gênero e outros, baseiam as vidas das mulheres, suas condições e a forma como lidam com a estrutura social e são tratadas por ela. (Revista do Programa de Pós-Graduação em Relações Étnicas e Contemporaneidade. ISSN: 2525-4715 –Ano 2020, Volume 5, número 10, julho – dezembro de 2020).

Entendendo que a categoria "mulher" não é universal e a forma de vivenciar o que é ser "mulher" na sociedade muda conforme os marcadores sociais que são acionados e vividos por elas, a interseccionalidade surge como um conceito-metodológico que permite enxergar e agir sobre as subordinações de forma mais prática e eficiente, pois nos auxilia no entendimento de que os problemas se constituem, na maioria das vezes, por mais de um eixo de subordinação. (HOOKS, Bell. O feminismo é para todo mundo: políticas arrebatadoras. 5ed. Rio de Janeiro: Rosa dos Tempos, 2019. Tradução Ana Luiza Libâneo)

Julgamento Moral ou *Slut Shaming*

1) O que é julgamento moral?

É o comportamento de julgar a mulher pelo seu modo de agir, utilizando como argumento, por exemplo, suas roupas, maquiagem, relacionamentos, modo de dançar e se comportar, entre outros.

2) O que as empresas podem fazer?

Promover encontros, palestras e conversas entre colaboradores para desconstruir preconceitos e compreender melhor os elementos e ações que acabam por configurar julgamento moral sobre as mulheres e a reproduzir preconceitos nas relações interpessoais.

Lugar de Fala

1) O que é lugar de fala?

Refere-se a dar protagonismo ao sujeito que sofre preconceito ou se encontra em uma situação de desigualdade. Em outras palavras, significa acabar com a mediação e fortalecer as vozes dos sujeitos que são protagonistas de suas próprias lutas.

O termo é usado por grupos que historicamente têm espaço de fala marginalizado. Por exemplo, negros têm o lugar de fala para discutir sobre o racismo, mulheres sobre o feminismo, transexuais sobre a transfobia.

No caso concreto, a conceituação orienta os cidadãos e cidadãs a refletirem sobre como falamos e como estas falas delimitam relações de poder e reproduzem, mesmo que não intencionalmente, preconceitos e desigualdades.

Segundo a escritora Djamila Ribeiro, "O lugar social não determina uma consciência discursiva sobre esse lugar. Porém, o lugar que ocupamos socialmente nos faz ter experiências distintas e outras perspectivas".

Misoginia

1) O que é misoginia?

A palavra misoginia é de origem grega e significa "ódio pela mulher". O que remete ao preconceito, repulsa e ódio contra as mulheres. Em outras palavras, seria um machismo exacerbado no modo de agir e de dialogar. A pessoa misógina entende que a mulher é inferior, a deprecia como sujeito.

Esse é um debate público constante no mundo atual e, infelizmente, discursos e representações contra o feminino são refletidos na violência contra a mulher e na dúvida sobre sua capacidade profissional, entre outras questões.

Evidência do problema

87% das denúncias recebidas pelo MTE/SP estão ligadas a assédio moral e 51% desses atendimentos são referentes às mulheres.

As Interseccionalidades das Mulheres

Mulheres com Deficiência

1) Sobre a questão:

A Convenção sobre os Direitos das Pessoas com Deficiência (CDPD, Decreto n° 6.949/2009), norma de natureza constitucional, dispõe sobre a incorporação da perspectiva de gênero com o objetivo de fomentar o pleno exercício dos direitos humanos e liberdades fundamentais para as pessoas com deficiência. "Ela reconhece que mulheres e meninas com deficiência estão mais expostas a riscos, no lar e fora dele, de sofrer violência, lesões ou abuso, descaso ou tratamento negligente, maus-tratos ou exploração porque são mais indefesas em decorrência da própria deficiência."

Conforme o reconhecimento da capacidade civil das mulheres com deficiência, sobretudo as mulheres com deficiência intelectual e mental, é necessário para a aplicação de todos os direitos previstos na Lei Brasileira de Inclusão da Pessoa com Deficiência (LBI, Lei nº 13.146/2015), como por exemplo: o direito ao trabalho em igualdade de oportunidades, direito a igual remuneração por trabalho de igual.

É vital a implementação de acesso à informação e à denúncia por intermédio de métodos viáveis as mulheres com deficiência em órgãos públicos e empresas como, por exemplo, o uso de braille, libras, legendas e audiodescrição de imagens em delegacias, defensorias, ministério público e juizados.

Mulheres Gestantes e Lactantes

1) Sobre a questão

Muitas questões relacionadas a gestantes e lactantes seguem sem tratamento normativo. A Organização Internacional do Trabalho (OIT) recomenda a proibição de: qualquer trabalho pesado que implique levantar, puxar ou empurrar pesos ou exija esforços físicos, incluindo permanecer de pé durante períodos prolongados; trabalho que exija especial equilíbrio; trabalho com máquinas vibradoras; e exposição a ruído continuo a partir de 115 dB ou a ruídos com picos superiores a 155 dB, que podem causar perda auditiva no feto.

Nesse sentido, por exemplo, cabe questionar nos casos práticos:

1) A parte reclamante está sujeita à discriminação interseccional por tratar-se de imbricação das discriminações de gênero, raça e classe?

2) A norma de saúde ou segurança no trabalho aplicável no caso concreto é compatível com o marco jurídico internacional?

3) A norma de saúde ou segurança corresponde a algum aspecto especifico de um papel ou estereótipo de gênero?

4) A parte reclamante é contemplada (ou invisibilizada) por proteção normativa necessária, diante da existência de risco para sua saúde ou segurança?

5) A norma legal cria desvantagem, desigualdade, discriminação ou desproteção especifica no caso concreto?

6) As características pessoais da parte reclamante são consideradas para a avaliação ergonômica do posto de trabalho?

Mulheres Idosas

1) Sobre a questão

É direito da pessoa idosa, art. 26 da Lei (Estatuto do Idoso), exercer uma atividade profissional em um ambiente saudável e seguro, com especial atenção às condições físicas, intelectuais e psíquicas para o desenvolvimento do trabalho produtivo. O Estatuto do Idoso e a recente Convenção Interamericana sobre a Proteção dos Direitos Humanos das Pessoas Idosas, de 2015, garantem a preparação da mulher idosa para a aposentadoria.

No ambiente de trabalho, a mulher idosa tem direito às adaptações necessárias para exercer suas obrigações como, por exemplo, evitar limitações físicas e psicológicas e promover um local de trabalho adaptado aos aspectos ergonômicos.

2) O que as empresas e a sociedade podem fazer?

A Organização das Nações Unidas (ONU), no Plano de Ação Internacional para o Envelhecimento, desenvolvido em 2002, propõe trabalhar no sentido de alcançar o reconhecimento da capacidade produtiva de trabalhadoras idosas, de maneira que possam continuar empregadas e promover a consciência de seu valor no mercado de trabalho, inclusive a consciência de suas próprias possibilidades; a eliminação dos obstáculos por razões de idade em todos os setores produtivos de trabalho formal, incentivando a contratação de pessoas idosas e impedindo o desmerecimento de trabalhadoras em fase de envelhecimento, dando-lhes condições de se requalificar.

Mulheres Negras

1) Sobre a questão

De acordo com a professora Zélia Amador de Deus, da Universidade Federal do Pará (UFPA), o preconceito duplo contra a mulher negra se sustenta em três bases: o preconceito de gênero (vivido por toda mulher), o de raça (que versa sobre a população preta e parda) e o preconceito de classe (no qual estão inseridos os mais vulneráveis).

No âmbito do mercado de trabalho, o preconceito e violência vividos por pessoas negras é ainda mais grave e se reverbera em outros espaços e situações.

Evidência do problema

Segundo dados do IBGE, a taxa de homicídio por cada 100 mil habitantes, em 2017, era de 5,2 entre as mulheres brancas. No entanto, em relação às mulheres pretas e pardas, a taxa se duplica (10,1).

De acordo com o "Mapa da Violência 2015: Homicídio de Mulheres no Brasil", em 2013 foram assassinadas 4.762 mulheres no país. Se por um lado a taxa de homicídio entre as mulheres brancas caiu de 3,6 por 100 mil habitantes, em 2003, para 3,2 em 2013, a de mulheres negras aumentou de 4,5 para 5,4, por cada 100 mil habitantes no mesmo período, ou seja, um crescimento de 19,5%.

Mulheres Trans

1) Sobre a questão

Uma mulher transgênero (mulher trans) é uma pessoa que nasceu com o sexo biológico masculino (como homem), mas se autoidentifica, como uma mulher. São elas um dos grupos mais atingidos por violência e marginalizados no mercado de trabalho.

Evidência do problema

No ano de 2020, 175 mulheres trans foram assassinadas no Brasil, conforme a Associação Nacional de Travestis e Transexuais (Antra). O número condiz com um aumento de 41% em relação ao ano anterior, quando 124 pessoas trans foram mortas.

O índice do ano passado (2021) está 43,5%, acima da média de assassinatos em números absolutos desde 2008, quando o monitoramento foi iniciado. Houve um aumento de 201% dos crimes nesse período.

Os crimes têm características cruéis, caracterizados com uso excessivo da força e vandalização dos corpos. Em geral, os assassinatos são movidos pelo discurso de ódio presente no Brasil.

Exemplos de condutas e expressões mais comuns que podem caracterizar assédio contra as mulheres na atualidade:

Homem Espaçoso ou *Manspreading*

1) O que é *Manspreading*?

Acontece quando o homem ocupa mais espaço do que o recomendado. Um exemplo comum é a forma de sentar nos transportes públicos, com as pernas muito abertas, sem deixar espaço para quem irá sentar ao lado.

Ser espaçoso é transpor o limite das outras pessoas, o que consiste em falta de cordialidade e educação.

Homem Sabe Tudo/Explica Tudo ou *Mansplaining*

1) O que é *mansplaining*:

Junção das palavras "man" - homem - e "*explaining*" - explicando. Acontece quando o homem explica para a mulher alguma questão óbvia, já que ele entende que a interlocutora não tem capacidade de entender a mensagem. Nestes casos, a intenção é inferiorizar o intelecto feminino.

Importante destacar que o *mansplaining* diminui o rendimento da equipe e pode acarretar em estafa mental das colaboradoras.

2) O que as empresas podem fazer?

Atitudes como estas ocorrem principalmente em reuniões, e é importante que a mulher se posicione e emita sua opinião. Por outro lado, as empresas podem colaborar com a construção de um ambiente mais harmônico e respeitoso ao incentivar formações sobre comunicação não violenta e sobre igualdade de gênero.

MERCADO DE TRABALHO

Homem que Interrompe ou *Manterrupting*

1) O que é *manterrupting*?

Junção das palavras "man" - homem - e "interrupting" - interrupção. Caracteriza-se como comportamento machista, por meio do qual um ou mais homens interrompem a fala de uma mulher, sem necessidade, não permitindo que ela conclua um raciocínio, uma frase ou uma observação.

Essa atitude também é observada com frequência em reuniões, em palestras e entrevistas, a mulher não consegue concluir o raciocínio pois é interrompida recorrentemente.

Evidência do problema

Em pesquisa da Consultoria Catalyst, 45% das mulheres líderes têm dificuldade de falar em encontros virtuais. Cerca de 20% das mulheres dizem se sentir ignoradas ou negligenciadas por colegas durante as chamadas em vídeo e, para 60% das trabalhadoras, o trabalho remoto diminui as chances de promoção quando comparado ao modelo presencial.

Homem que se Apropria das Ideias das Mulheres ou *Bropriating*

1) O que é *bropriating*?

União de "*brother*" - irmão - e "apropriating" - apropriação. O homem reproduz a ideia de uma mulher e leva o crédito no lugar dela. Um exemplo prático ocorre quando o homem se apropria da ideia da colega ou quando uma mulher emite opinião sobre determinada demanda e não recebe a atenção dos colegas, mas, posteriormente, um homem reproduz a mesma ideia e todos levam em consideração.

Este tipo de atitude ocorre frequentemente no ambiente de trabalho e nas empresas. Por isso, os gestores devem estar atentos a essas condutas. Durante o governo do presidente dos EUA, Barack Obama, algumas situações foram combatidas no intuito do machismo ser diminuído. Importante estratégia para lidar com essas interrupções das mulheres foi criada: cada vez que uma mulher se posicionava em reuniões, as outras pessoas repetiam enfatizando a respectiva fala, creditando-a à verdadeira proprietária. O instituto ficou conhecido como "*amplification*".

Homem Manipulador ou *Gaslighting*

1) O que é *gaslighting*?

"Gaslight" é a luz do candeeiro a gás e a palavra *gaslighting* é referência a uma peça de teatro de 1938 e a um filme de 1944, em que o marido, para ficar com a fortuna da esposa, tentava fazer com que ela acreditasse que estava louca, utilizando, dentre outros métodos, a manipulação da luz do candeeiro.

Essa conduta representa uma forma de abuso psicológico, no qual o homem manipulador faz com a mulher não confie em si própria, então ela entende que está louca. Muitas vezes, são utilizadas expressões como: "você está louca", "você está exagerando", "não foi isso que aconteceu". Essas, expressões representam o caso concreto do *gaslighting*.

Evidência do problema

Os especialistas em psicologia ratificam que o fenômeno do gaslighting é uma prática de dominação em que a vítima tem muita dificuldade de identificar a conduta do agressor como violência. De acordo com a psicóloga Natália Marques, atuante na área clínica com violência contra a mulher e mestranda em psicologia da saúde pela Universidade Metodista de São Paulo, as mulheres são as mais afetadas, pois: "Nesse sistema, as mulheres carregam o estigma de 'loucas, histéricas e exageradas', mas muitas vezes estão simplesmente contestando os homens e não querem seguir as normas e padrões sociais impostos", diz. Segundo ela, fazer as mulheres acreditarem que são loucas as enfraquece perante sociedade: "É uma violência que envolve poder[2]".

2) O que as empresas podem fazer?

No âmbito do trabalho, reverbera-se em casos de assédio moral e assédio sexual.

---

2 Fonte: https://www.uol.com.br/vivabem/noticias/redacao/2021/01/28/gaslighting-como-identificar-a-manipulacao-psicologica-em-relacionamentos.htm?

O assediador tenta desqualificar a vítima dizendo que ela está louca ou que não entendeu a situação.

Para combater esse tipo de ação, é imprescindível a criação de canais de denúncia e apoio às vítimas de assédio.

Homem que Reclama ou *Male Tears*

1) O que é *male tears?*

Ocorre quando os homens não admitem os seus privilégios e acreditam ser vítimas do "machismo reverso". Então, eles reclamam e querem usurpar o lugar de fala feminino.

Um retrato desse caso é o filme "Malévola", da Disney, que traz o exemplo do male tears - quando os homens não enxergam seu lugar de privilégio e se apontam como vítimas do sexismo e da misandria, dizendo que nem todo homem faz isso ou aquilo.

Homem que Encara ou *Staring*

1) O que é *staring?*

A conduta do staring consiste em olhares insistentes e constrangedores, quando as mulheres estão, sobretudo, no transporte público ou andando na rua. Infelizmente, a maioria das mulheres já passou por esse tipo de situação desrespeitosa.

Em Londres, no Reino Unido, a conduta do *staring* encarada já pode ser caracterizada como uma forma de assédio. Um comportamento em especial ganhou destaque nos cartazes da campanha britânica: o staring, que pode ser traduzido como um olhar intrusivo, intenso e insistente.

Casos recentes foram parar nos jornais da capital britânica: "Uma mulher foi impedida de sair do trem por um homem que também passou minutos olhando fixo para ela. O agressor recebeu 22 semanas de prisão". Nos cartazes da campanha do metrô fica claro: o olhar insistente pode ser considerado uma forma de assédio sexual e deve ser denunciado. A pena pode chegar a seis meses de prisão e multa.

2) Como identificar?

Mas quando o olhar pode virar assédio?

Estamos falando do olhar intimidador e que causa medo. E o ambiente onde isso acontece o tempo todo: no transporte público. Na maioria das vezes, a mulher sai de perto, troca de lugar. Muitas vezes, sequer percebe que foi vítima de assédio.

Aqui no Brasil esse tipo de conduta é recorrente: quase todas as mulheres com mais de 18 anos afirmaram que já passaram por situações de assédio sexual no transporte coletivo, por aplicativo ou em táxis.

A princípio, essa conduta não encontraria enquadramento típico, ou seja, uma descrição perfeita do que seria o assédio sexual, a não ser que a conduta estivesse combinada com outras condutas, como, por exemplo, tocar órgãos genitais e lamber os lábios.

Síndrome do Desamparo Aprendido

1) O que é síndrome do desamparo?

A teoria do desamparo aprendido aplicada às vítimas de abuso descreve como uma mulher pode aprender a ser incapaz de prever o efeito que seu comportamento terá sobre o agressor. Essa falta de capacidade de prever a eficácia de seu próprio comportamento na prevenção de maus-tratos modifica a origem ou a natureza da resposta da vítima a diferentes situações. (Lenore Walker, EdD. Colorado Women's Hall of Fame. Retrieved April 12, 2014).

Procurar apoio psicológico é a saída para superar essa situação de desamparo aprendido.

Sororidade

1) O que é sororidade?

O termo vem do latim "soror", que significa "irmã". Consiste na união poderosa entre mulheres, com intuito de romper com a ideia de competitividade e rivalidade,

MERCADO DE TRABALHO

mas sim incentivar a empatia, o respeito, a escuta, o companheirismo e o sentimento de parceria. A sororidade, quando praticada, diminui os espaços entre as mulheres e engrandece as pautas femininas.

Teto de Vidro

1) O que é teto de vidro?

O teto de vidro representa a dificuldade que as mulheres têm em terem as mesmas oportunidades de trabalho que os homens, seja em relação ao salário, seja por serem mães ou mesmo por duvidarem das suas competências.

Evidência do problema

O teto de vidro não colabora com a representatividade feminina em órgãos públicos e privados. Mulheres ocupam 15% das cadeiras no Congresso Nacional, mas são 52% da população e a maior parte do eleitorado.

O Brasil ocupa a 95ª posição em um ranking de 162 países, que vai do menos desequilibrado (Suíça, em 1º) ao mais desequilibrado (Iêmen, na lanterna) em questões de gênero, de acordo com o Relatório de Desenvolvimento Humano 2020.

Tráfico de Pessoas

1) O que é o tráfico de pessoas?

O tráfico de pessoas é um crime abominável de violação aos Direitos Humanos. Inclusive, fere o princípio da dignidade da pessoa humana previsto na Constituição Federal de 1988. Ele é a terceira maior atividade criminosa no mundo, superado apenas pelo tráfico de drogas e armas.

De modo conceitual, previsto no Protocolo Relativo à Prevenção, Repressão e Punição do Tráfico de Pessoas, em Especial Mulheres e Crianças, complementar à Convenção das Nações Unidas contra o Crime Organizado Transnacional, conhecida também como Convenção de Palermo: "O tráfico de pessoas é caracterizado pelo "recrutamento, transporte, transferência, abrigo ou recebimento de pessoas, por meio de ameaça ou uso da força ou outras formas de coerção, de rapto, de fraude, de engano, do abuso de poder ou de uma posição de vulnerabilidade ou de dar ou receber pagamentos ou benefícios para obter o consentimento para uma pessoa ter controle sobre outra pessoa, para o propósito de exploração". A definição encontra-se no número crescente de Estados que vêm ratificando a Convenção de Palermo e seus protocolos, entre eles os países na área de cobertura do Escritório de Ligação e Parceria do UNODC no Brasil.

Em resumo:

i. O ato (o que é feito)

Recrutamento, transporte, transferência, alojamento ou o acolhimento de pessoas.

ii. Os meios (como é feito)

Ameaça ou uso da força, coerção, abdução, fraude, engano, abuso de poder ou de vulnerabilidade, ou pagamentos ou benefícios em troca do controle da vida da vítima.

iii. Objetivo (por que é feito)

Para fins de exploração, que inclui prostituição, exploração sexual, trabalhos forçados, escravidão, remoção de órgãos e práticas semelhantes. Para verificar se uma circunstância particular constitui tráfico de pessoas, considere a definição de tráfico no protocolo sobre tráfico de pessoas e os elementos constitutivos do delito, conforme definido pela legislação nacional pertinente (Fonte: UNODC).

MERCADO DE TRABALHO

2) De olho na Lei

Art. 149-A. Agenciar, aliciar, recrutar, transportar, transferir, comprar, alojar ou acolher pessoa, mediante grave ameaça, violência, coação, fraude ou abuso, com a finalidade de: (Incluído pela Lei nº 13.344, de 2016) (Vigência)

I - remover-lhe órgãos, tecidos ou partes do corpo; (Incluído pela Lei nº 13.344, de 2016) (Vigência)

II - submetê-la a trabalho em condições análogas à de escravo; (Incluído pela Lei nº 13.344, de 2016) (Vigência)

III - submetê-la a qualquer tipo de servidão; (Incluído pela Lei nº 13.344, de 2016) (Vigência)

IV - adoção ilegal; ou (Incluído pela Lei nº 13.344, de 2016) (Vigência)

V - exploração sexual. (Incluído pela Lei nº 13.344, de 2016) (Vigência)

Pena - reclusão, de 4 (quatro) a 8 (oito) anos, e multa. (Incluído pela Lei nº 13.344, de 2016) (Vigência)

§ 1o A pena é aumentada de um terço até a metade se: (Incluído pela Lei nº 13.344, de 2016) (Vigência)

I - o crime for cometido por funcionário público no exercício de suas funções ou a pretexto de exercê-las; (Incluído pela Lei nº 13.344, de 2016) (Vigência)

II - o crime for cometido contra criança, adolescente ou pessoa idosa ou com deficiência; (Incluído pela Lei nº 13.344, de 2016) (Vigência)

III - o agente se prevalecer de relações de parentesco, domésticas, de coabitação, de hospitalidade, de dependência econômica, de autoridade ou de superioridade hierárquica inerente ao exercício de emprego, cargo ou função; ou (Incluído pela Lei nº 13.344, de 2016) (Vigência)

IV - a vítima do tráfico de pessoas for retirada do território nacional. (Incluído pela Lei nº 13.344, de 2016) (Vigência)

§ 2ºA pena é reduzida de um a dois terços se o agente for primário e não integrar organização criminosa. (Incluído pela Lei nº 13.344, de 2016) (Vigência).

Anexo 6: Legislação

• Constituição Federal – artigo 3º, artigo 5º, inciso I, artigo 7º, incisos XVIII, XIX, XX, XV, XXX.

• Da Proteção do Trabalho da Mulher - Da Duração, Condições do Trabalho e da Discriminação Contra a Mulher - Art. 372 a 400 da CLT.

• Convenção 111 da OIT • Lei Maria da Penha - Esta Lei cria mecanismos para coibir e prevenir a violência doméstica e familiar contra a mulher, nos termos do § 8º do art. 226 da Constituição Federal, da Convenção sobre a Eliminação de Todas as Formas de Violência contra a Mulher, da Convenção Interamericana para Prevenir, Punir e Erradicar a Violência contra a Mulher e de outros tratados internacionais ratificados pela República Federativa do Brasil; dispõe sobre a criação dos Juizados de Violência Doméstica e Familiar contra a Mulher; e estabelece medidas de assistência e proteção às mulheres em situação de violência doméstica e familiar.

• Lei 9.029/1995 - Proíbe a exigência de atestados de gravidez e esterilização, e outras práticas discriminatórias, para efeitos admissionais ou de permanência da relação jurídica de trabalho, e dá outras providências. Proíbe a adoção de qualquer prática discriminatória e limitativa para efeito de acesso à relação de trabalho, ou de sua manutenção, por motivo de sexo, origem, raça, cor, estado civil, situação familiar, deficiência, reabilitação profissional, idade, entre outros, ressalvadas, nesse caso, as hipóteses de proteção à criança e ao adolescente previstas no inciso XXXIII do art. 7º da Constituição Federal.

• Agenda 2030 da ONU - objetivos de desenvolvimento sustentável Objetivo nº 5. Igualdade de Gênero. Alcançar a igualdade de gênero e empoderar todas as mulheres e meninas. TECHNOLOGY 46

• Assédio Sexual/Artigo 216-A do Código Penal - Constranger alguém com o intuito de obter vantagem ou favorecimento sexual, prevalecendo-se o agente da sua condição se superior hierárquico ou ascendência inerentes ao exercício, emprego, cargo ou função.

MERCADO DE TRABALHO

• Convenção Sobre a Eliminação de Todas as Formas de Discriminação Contra a Mulher - Para os fins da presente Convenção, a expressão "discriminação contra a mulher" significará toda a distinção, exclusão ou restrição baseada no sexo e que tenha por objeto ou resultado prejudicar ou anular o reconhecimento, gozo ou exercício pela mulher, independentemente de seu estado civil, com base na igualdade do homem e da mulher, dos direitos humanos e liberdades fundamentais nos campos político, econômico, social, cultural e civil ou em qualquer outro campo. Os Estados Partes condenam a discriminação contra a mulher em todas as suas formas, concordam em seguir, por todos os meios apropriados e sem dilações, uma política destinada a eliminar a discriminação contra a mulher, e com tal objetivo se comprometem a:

• Convenção Interamericana para Prevenir, Punir e Erradicar a Violência Contra a Mulher

• Convenção de Belém do Pará

• Declaração de Pequim Adotada pela Quarta Conferência Sobre as Mulheres

• Princípios de Yogyakarta (2007) • Princípios Sobre a Aplicação da Legislação Internacional de Direitos Humanos em Relação à Orientação Sexual de Identidade de Gênero • Cartilha Sobre Assédio Sexual (MPT) – disponível em http://prt10.mpt.mp.br/images/Cartilha_Ass%C3%A9dioSexual.pdf

• Vídeos Sobre Assédio Sexual (MPT e OIT) – disponível em https://www.youtube.com/watch?v=M_nGxBoVEeY

• Cartilha Sobre Assédio Moral nos Esportes – disponível em https://extranet.cob.org.br/CMS/Handlers/RecuperaD

Anexo 7: Ato Conjunto TST.CSJT.GP

No 8, DE 21 DE MARÇO DE 2019

Institui a Política de Prevenção e Combate ao Assédio Moral no Tribunal Superior do Trabalho e no Conselho Superior da Justiça do Trabalho. O PRESIDENTE DO TRIBUNAL SUPERIOR DO TRABALHO e do CONSELHO SUPERIOR DA JUSTIÇA DO TRABALHO, no uso de suas atribuições legais e regimentais, considerando o fundamento da dignidade da pessoa humana e do valor social do trabalho, bem como o direito à saúde, ao trabalho e à honra, previstos nos arts. 1º, incs. III e IV, 5º, inc. X, e 6º da Constituição da República;

Considerando que o art. 186 do Código Civil dispõe que aquele que, por ação ou omissão voluntária, negligência ou imprudência, violar direito e causar dano a outrem, ainda que exclusivamente moral, comete ato ilícito; considerando que são deveres do servidor público, entre outros, manter conduta compatível com a moralidade administrativa, tratar as pessoas com urbanidade e ser leal às instituições a que servir (art. 116, incs. II, IX e XI, da Lei nº 8.112/1990); considerando a diretriz contida na Seção V - Da Valorização e do Ambiente de Trabalho - da Resolução CNJ nº 240, de 9 de setembro de 2016, que recomenda, no seu inc. XII do art. 8º, que sejam instituídas regras de conduta ética e realizadas ações de prevenção e combate a mecanismos, gestão e atitudes que favoreçam o assédio ou o desrespeito aos valores profissionais do serviço público judiciário e da magistratura; considerando a diretriz estabelecida no inc. IV do art. 21 do Ato Conjunto CSJT.TST.GP nº 24, de 13 de novembro de 2014, que recomenda expressamente, no atinente às práticas internas de trabalho, a adoção de políticas voltadas à prevenção e ao enfrentamento do assédio moral, de forma a garantir relações de trabalho nas quais predominem a dignidade, o respeito e os direitos do cidadão; considerando que promover a valorização das pessoas, agir com honestidade, probidade, integridade e credibilidade em todas as suas ações e relações, bem como atuar com responsabilidade socioambiental são valores da Justiça do Trabalho, a teor do Plano Estratégico 2015/2020, aprovado pela Resolução CSJT nº 145/2014, de 2 de dezembro de 2014, alterada pela Resolução CSJT nº 210/2017, de 24 de novembro de 2017; considerando a Resolução do CSJT nº 141, de 26 de setembro de 2014, que dispõe sobre as diretrizes para a realização de ações de promoção da saúde ocupacional e de prevenção de riscos e doenças relacionadas ao trabalho no âmbito da Justiça do Trabalho de 1º e 2º graus; considerando o disposto no Ato Conjunto TST.CSJT.GP nº 20, de 12 de junho de 2018, que instituiu o Comitê de Combate ao Assédio Moral no âmbito do Tribunal Superior do Trabalho e do Conselho Superior da Justiça do Trabalho,

RESOLVE:

CAPÍTULO I

Das Disposições Gerais

Art. 1º A Política de Prevenção e Combate ao Assédio Moral no Tribunal Superior do Trabalho e no Conselho Superior da Justiça do Trabalho tem por objetivo coibir condutas que configurem assédio moral no ambiente de trabalho. Parágrafo único. Aplicam-se a presente Política as proposições constantes da Resolução CSJT nº 141/2014, que dispõe sobre as diretrizes para a realização de ações de promoção da saúde ocupacional e de prevenção de riscos e doenças relacionados ao trabalho no âmbito da Justiça do Trabalho de 1º e 2º graus.

Art. 2º Consideram-se para os fins deste

Ato: I – agente público: todo aquele que exerce mandato, cargo, emprego ou função, ainda que transitoriamente ou sem remuneração, por eleição, nomeação, designação, contratação ou qualquer outra forma de investidura ou vínculo, no âmbito do Tribunal Superior do Trabalho e do Conselho Superior da Justiça do Trabalho;

II – assédio moral: condutas repetitivas do agente público que, excedendo os limites das suas funções, por ação, omissão, gestos ou palavras, tenham por objetivo ou efeito atingir a autoestima, a autodeterminação, a evolução da carreira ou a estabilidade emocional de outro agente público ou de empregado de empresa prestadora de serviço público, com danos ao ambiente de trabalho objetivamente aferíveis.

CAPÍTULO II

Dos Fundamentos e das Diretrizes da Política de Prevenção e Combate ao Assédio Moral Art. 3º São fundamentos que norteiam a Política de Prevenção e Combate ao Assédio Moral:

I – respeito à dignidade da pessoa humana;

II – proteção à honra, à imagem e à reputação pessoal;

III – preservação dos direitos sociais do trabalho;

IV – garantia de um ambiente de trabalho sadio;

V – preservação do denunciante e das testemunhas a represálias.

Art. 4º São diretrizes da Política de Prevenção e Combate ao Assédio Moral:

I – promover ambiente de trabalho saudável, respeitoso e sem discriminação, favorecendo a tolerância à diversidade;

II – implementar cultura organizacional pautada por respeito mútuo, equidade de tratamento e garantia da dignidade;

III – conscientizar e fomentar campanhas e eventos sobre o tema, com ênfase na conceituação, na caracterização e nas consequências do assédio moral;

IV – capacitar magistrados, gestores, servidores, estagiários, aprendizes e empregados de empresas prestadoras de serviço visando à prevenção de conflitos;

V – monitorar as atividades institucionais, de modo a prevenir a degradação 19 do meio ambiente de trabalho;

VI – incentivar soluções pacificadoras para os problemas de relacionamento ocorridos no ambiente de trabalho, com vistas a evitar o surgimento de situações de conflito;

VII – avaliar periodicamente o tema do assédio moral nas pesquisas de clima organizacional.

CAPÍTULO III

Da Implementação da Política

Art. 5º O Comitê de Combate ao Assédio Moral, instituído no âmbito do Tribunal Superior do Trabalho e do Conselho Superior da Justiça do Trabalho pelo Ato Conjunto TST.CSJT.GP nº 20, de 12 de junho de 2018, deverá:

I – coordenar ações para o alcance dos objetivos desta Política, podendo, para tanto, promover treinamentos nas áreas de relacionamento interpessoal e de liderança, bem como elaborar informativos para conscientização sobre o assédio moral;

II – implementar ações de sensibilização e disseminação de informações sobre o tema;

III – recomendar à Administração ações específicas para prevenir e combater o assédio moral.

MERCADO DE TRABALHO

Art. 6º O Comitê deverá, no prazo máximo de 30 (trinta) dias contados da publicação deste Ato, elaborar e divulgar cartilha contendo:

I – informações sobre a conceituação, a caracterização e as consequências do assédio moral;

II – as formas de encaminhamento e tratamento das denúncias;

III – as unidades responsáveis pelo atendimento e tratamento das demandas, além de outras questões relevantes para o bom desenvolvimento desta Política. Parágrafo único. A cartilha deverá ser disponibilizada em local visível ao público e no site do Tribunal Superior do Trabalho e do Conselho Superior da Justiça do Trabalho.

CAPÍTULO IV

Das Formas de Encaminhamento e Tratamento das Denúncias

Art. 7º Qualquer agente público ou empregado de empresa prestadora de serviço em atividade no Tribunal Superior do Trabalho ou no Conselho Superior da Justiça do Trabalho que se sinta vítima ou testemunhe atos que possam configurar assédio moral no ambiente de trabalho poderá formular denúncia:

I – perante a Ouvidoria do Tribunal Superior do Trabalho, mediante os meios disponibilizados;

II – perante a Ouvidoria-Geral do Conselho Superior da Justiça do Trabalho, mediante os meios disponibilizados;

III – nos demais canais de comunicação porventura criados especificamente para esse fim Parágrafo único. A denúncia oral será necessariamente reduzida a termo.

Art. 8º São requisitos para a verificação da materialidade dos fatos objeto da denúncia:

I – nome e qualificação do denunciante;

II – nome e qualificação do ofendido;

III – nome do indicado como autor do fato;

IV – descrição circunstanciada dos fatos.

Art. 9º Após a verificação dos requisitos enumerados no art. 8º, a Ouvidoria ou a Ouvidoria-Geral, conforme o caso, encaminharão a denúncia:

I – ao Diretor-Geral da Secretaria, para as providências cabíveis nos termos da Lei nº 8.666/1993, no caso de denúncia imputada a empregado de empresa prestadora de serviço;

II – à Comissão de Ética, para as providências cabíveis nos termos da Lei 8.112/1990, se a denúncia for imputada a servidor público;

III – ao Presidente do Tribunal Superior do Trabalho e do Conselho Superior da Justiça do Trabalho, para as providências cabíveis nos termos da Lei Complementar nº 35/1979, se a denúncia envolver magistrado e os fatos narrados tiverem correlação com sua atuação no ambiente de trabalho no TST ou no CSJT.

CAPÍTULO V

Das Disposições Finais

Art. 10. A Ouvidoria do Tribunal Superior do Trabalho e a Ouvidoria-Geral do Conselho Superior da Justiça do Trabalho deverão manter registros estatísticos de denúncias, sindicâncias e processos administrativos disciplinares que envolvam assédio moral no ambiente de trabalho. Parágrafo único. Os dados estatísticos deverão ser encaminhados ao Comitê de Combate ao Assédio Moral do Tribunal Superior do Trabalho e do Conselho Superior da Justiça do Trabalho, a fim de subsidiar as ações institucionais para prevenção e combate ao assédio moral, previstas no Ato Conjunto TST.CSJT.GP nº 20, de 12 de junho de 2018.

Art. 11. Os casos omissos serão decididos pelo Presidente do Tribunal Superior do Trabalho e do Conselho Superior da Justiça do Trabalho.

Art. 12. Fica instituída a segunda semana do mês de maio como a Semana de Prevenção e Combate ao Assédio Moral.

Art. 13. Este Ato Conjunto entra em vigor na data da sua publicação. JOÃO

BATISTA BRITO PEREIRA Ministro Presidente do Tribunal Superior do Trabalho e do Conselho Superior da Justiça do Trabalho.

Promotora de Justiça

Fundadora do Instituto Justiça de Saia

Especialista na Promoção e Defesa dos Direitos das Mulheres

TWITTER
JUSTICADESAIA

INSTAGRAM
JUSTICADESAIA

FACEBOOK
JUSTICADESAIA

YOUTUBE
UCV-H53KAIJJKEJ-Q8EARD3G

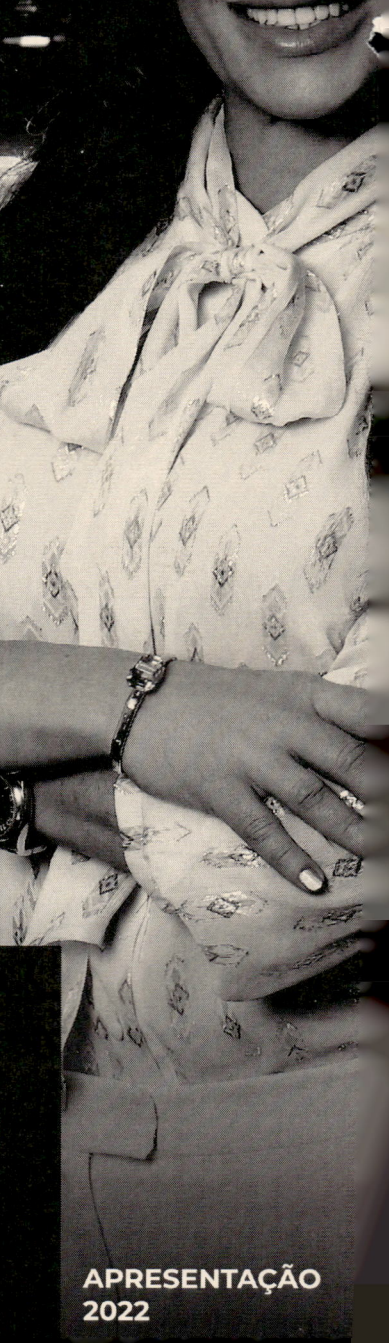

LINKEDIN
INSTITUTO-JUSTIÇA-DE-SAIA

Gabriela Manssur
Justiça de saia

Lugar de MULHER é onde ela quiser

APRESENTAÇÃO 2022